Attila

# Attila

## L'histoire des Barbares et des grandes invasions en Europe

Amédée Thierry

Editions Le Mono
Collection « Les Pages de l'Histoire »

ISBN : 978-2-36659501-8
EAN : 9782366595017

# Introduction

Attila, voilà un nom qui s'est conquis une place dans la mémoire du genre humain à côté des noms d'Alexandre et de César : ceux-ci durent leur gloire à l'admiration, celui-là à la peur ; mais admiration ou peur, quel que soit le sentiment qui confère à un homme l'immortalité, on peut être sûr qu'il ne s'adresse qu'au génie. Il faut avoir ébranlé bien violemment les cordes du cœur humain pour que les oscillations s'en perpétuent ainsi à travers les siècles. La sinistre gloire d'Attila tient moins encore au mal qu'il a fait qu'à celui qu'il pouvait faire, et dont le monde est resté épouvanté. L'histoire compte, dans le catalogue malheureusement trop nombreux des dévastateurs, des hommes qui ont détruit davantage, et sur lesquels ne pèse pas, comme sur lui, une malédiction éternelle. Alaric porta le coup mortel à l'ancienne civilisation en brisant le prestige d'inviolabilité qui couvrait Rome depuis sept cents ans ; Genséric eut un privilège unique parmi ces privilèges de ruine, celui de saccager Rome et Carthage ; Radagaise, la plus féroce des créatures que l'histoire ait classées parmi les hommes, avait fait vœu d'égorger deux millions de Romains au pied de ses idoles, et leurs noms ne se trouvent que dans les livres. Attila, qui échoua devant Orléans, qui fut battu par nos pères à Châlons, qui épargna Rome à la prière d'un prêtre et qui périt de la main d'une femme, a laissé après lui un nom populaire synonyme de destruction. Cette contradiction apparente frappe d'abord l'esprit lorsqu'on étudie ce terrible personnage. On aperçoit que l'Attila de l'histoire n'est point tout-à- fait celui de la tradition, qu'ils ont besoin de se compléter, ou du moins de s'expliquer l'un par l'autre, et encore faut-il distinguer deux sources de tradition différentes : la tradition romaine, qui tient à l'action d'Attila sur les races civilisées, et la tradition germanique, qui tient à son action sur les races barbares.

Dans cette étude, nous tiendrons compte, autant que possible, des documents traditionnels, tout en prenant l'histoire pour guide, surtout les récits contemporains. La vie d'Attila, tranchée par un coup fortuit au moment fixé peut-être pour l'accomplissement de ses vastes projets, n'est qu'un drame interrompu d'où le héros disparaît, laissant le soin du dénouement aux personnages secondaires. Ce dénouement, c'est la clôture de l'empire romain d'Occident et le démembrement d'une moitié de l'Europe par les fils, les lieutenants, les vassaux, les secrétaires d'Attila, devenus empereurs ou rois. À l'œuvre des comparses, on peut mesurer la grandeur du héros, et c'est ainsi qu'en jugea le monde ; mais, pour l'intelligence de l'histoire d'Attila, il faut exposer d'abord ce qu'étaient les Huns et les Goths, ces deux peuples ennemis, dont les luttes ne commencent dans le monde barbare sur les bords du Don et du Dniéper que pour se continuer dans le monde romain sur ceux de la Marne et de la Loire.

# Chapitre I

## LES HUNS ET LE MONDE BARBARE.

### I. – ARRIVÉE DES HUNS EN EUROPE. – FUITE DES VISIGOTHS.

Quand on jette les yeux sur une carte topographique de l'Europe, on voit que la moitié septentrionale de ce continent est occupée par une plaine qui se déroule de l'Océan et de la mer Baltique à la mer Noire, et de là aux solitudes polaires. La chaîne des monts Ourals, du côté de l'est ; celles des monts Carpathes et Hercyniens, du côté du midi, terminent cette immense plaine ouverte à toutes les invasions, et que la charrette l'été, le traîneau l'hiver, parcourent sans obstacle : c'est le grand chemin des nations entre l'Asie et l'Europe. Le Rhin et le Danube, voisins à leur source, opposés à leur embouchure, baignent le pied des deux dernières chaînes, et ferment le midi de l'Europe par une ligne de défense naturelle que des ouvrages faits de main d'homme peuvent aisément compléter. Reliés ensemble au moyen d'un rempart et garnis dans tout leur cours de camps retranchés et de châteaux, ces deux fleuves formaient au IVe siècle la limite séparative de deux mondes en lutte opiniâtre l'un contre l'autre. En-deçà se trouvait la masse des nations romaines, c'est-à-dire civilisées, puisque Rome avait eu l'insigne honneur de confondre son nom avec celui de la civilisation ; au-delà, dans ces plaines sans fin, vivait éparpillée la masse des nations non romaines : en d'autres termes, et, suivant la formule du temps, le midi était *Romanie*, le nord *Barbarie*.

Les innombrables tribus composant le monde barbare pouvaient se grouper en trois grandes races ou familles de peuples qui habitent encore généralement les mêmes contrées. C'étaient d'abord, en partant du midi, la famille des peuples germains ou teutons, ensuite celle des peuples slaves, et enfin à l'extrême nord, surtout au nord-est, où on la voyait pour ainsi dire à cheval entre l'Europe et l'Asie, la famille des peuples appelés par les Germains *Fenn* ou *Finn*, Finnois, mais qui ne se reconnaissent pas eux-mêmes d'autre nom générique que *Suomi*, les hommes du pays. Dessinés autrefois, avec assez de régularité, par zones transversales se dirigeant du sud-est au nord-est, les domaines de ces trois familles s'étaient mêlés depuis lors et se mêlaient chaque jour davantage par l'effet des migrations et des guerres de conquête. Au IVe siècle, le Germain occupait, outre la presqu'île scandinave et la partie du continent voisine de l'Océan et du Rhin ; la rive gauche du Danube dans toute sa longueur, puis les plaines de la mer Noire jusqu'au Tanaïs ou Don,

11

enserrant, comme dans les branches d'un étau, le Slave dépossédé d'une moitié de son patrimoine. Les nations finnoises, fort espacées à l'ouest et au nord, mais nombreuses et compactes à l'est autour du Volga et des monts Ourals, exerçaient sur le Germain et le Slave une pression dont le poids se faisait déjà sentir à l'empire romain. Une taille élancée et souple, un teint blanc, des cheveux blonds ou châtains, des traits droits, dénotaient dans le Slave et le Germain une parenté originelle avec les races du midi de l'Europe, et leurs idiomes, quoique formant des langues bien séparées, se rattachaient pourtant à la souche commune des idiomes indo-européens. Au contraire, le Finnois trapu, au teint basané, au nez plat, aux pommettes saillantes, aux yeux obliques, portait le type des races de l'Asie septentrionale, dont il paraissait être un dernier rameau, et auxquelles il se rattachait par son langage. Quant à l'état social, le Germain, mêlé depuis quatre siècles aux événements de la Romanie, entrait dans une période de demi-civilisation, et semblait destiné à jouer plus tard le rôle de civilisateur vis-à-vis des deux autres races barbares. Le Slave, sans lien national, et toujours courbé sous des maîtres étrangers, vivait d'une vie abjecte et misérable, et le jour où il devait se montrer à l'Europe était encore loin de se lever, — tandis que le Finnois, en contact avec les nomades féroces de l'Asie, engagé dans leurs guerres, soumis à leur action, se retrempait incessamment aux sources d'une barbarie devant laquelle toute barbarie européenne s'effaçait.

Quelques mots de Tacite nous révèlent seuls l'existence des nations Finniques dans le nord de l'Europe antérieurement au Ive siècle ; elles y vivaient dans un état voisin de la vie sauvage, et nous ne connaissons que par les poésies mythiques du Kalewala et de l'Edda leurs luttes acharnées contre les populations scandinaves. A. l'est, leur nom disparaît sous des dénominations de confédérations et de ligues qui, formées autour de l'Oural, agissaient tantôt sur l'Asie, tantôt sur l'Europe, mais plus fréquemment sur l'Asie. La plus célèbre de ces confédérations paraît avoir été celle des *Khounn, Hounn*, ou Huns, qui, au temps dont nous parlons, couvrait de ses hordes les deux versants de la chaîne ouralienne et la vallée du Volga. Elle y existait dès le second siècle de notre ère, puisqu'un géographe de cette époque, Ptolémée, nous signale l'apparition d'une tribu des Khounn parmi les Slaves du Dniéper, et qu'un autre géographe nous montre des Hounn campés entre la mer Caspienne et le Caucase, d'où leurs brigandages s'étendaient en Perse et jusque dans l'Asie Mineure. On croit même retrouver dans les inscriptions cunéiformes de la Perse ce nom terrible inscrit au catalogue des peuples vaincus par le grand roi. Qu'il nous suffise de dire qu'au IVe siècle la confédération hunnique s'étendait tout le long de l'Oural et de la mer Caspienne, comme une barrière vivante entre l'Asie et l'Europe, appuyant une de ses extrémités contre les montagnes médiques, tandis que l'autre allait se perdre, à travers la Sibérie, dans les régions désertes du pôle.

Cette domination répandue sur un si vaste espace, et qui versa pendant trois siècles et par bans successifs sur l'Europe tant de ravageurs et de conquérants jusqu'à l'arrivée des peuples mongols, ne comptait-elle que des tribus de race Finnique ? Les conquêtes de Tchinghiz-Khan et de Timour, en nous donnant le secret des dominations rapides et passagères de l'Asie centrale, répondraient au besoin à cette question ; mais l'histoire nous en dit davantage : elle nous apprend que les Huns se divisaient en deux grandes branches, et que le rameau oriental ou caspien portait le nom de *Huns blancs*, par opposition au rameau occidental ou ouralien, dont les tribus nous sont représentées comme basanées ou plutôt *noires*. Ces deux branches de la même confédération n'avaient entre elles, aux IVe et Ve siècles, que des liens très lâches et presque brisés, ainsi que nous le fera voir le détail des événements. Sans nous aventurer donc à ce sujet dans le dédale des suppositions où s'est perdue plus d'une fois l'érudition moderne, noue dirons que, suivant toute probabilité, la domination hunnique comprenait dans son sein les populations que présente encore le pays qu'elle occupait : des Turcs à l'orient, des Finnois à l'occident, et, suivant une hypothèse très vraisemblable, une tribu dominante de race mongole, offrant le caractère physique asiatique plus prononcé que les Finnois : en effet, c'est avec l'exagération du type calmouk que l'histoire nous peint Attila et une partie de la nation des Huns.

Dans cette situation, les Huns vivaient de chasse, de vol et du produit de leurs troupeaux. Le Hun blanc détroussait les convois de marchands qui trafiquaient avec l'Inde ; le Hun noir chassait la martre, le renard et l'ours dans les forêts de la Sibérie, et faisait le commerce des pelleteries sous de grandes balles en bois construites près du Jaïk ou du Volga, et fréquentées par les trafiquants de la Perse et de l'empire romain, où les fourrures étaient très recherchées. Cependant on ne se hasardait qu'avec crainte à traverser ces peuplades sauvages, dont la laideur était repoussante. L'Europe, qui n'avait rien de tel parmi ses enfants, les vit arriver avec autant d'horreur que de surprise. Nous laisserons parler un témoin de leur première apparition sur les bords du Danube, l'historien Ammien Marcellin, soldat exact et curieux qui écrivait sous la tente et rendait quelquefois avec un rare bonheur les spectacles qui se déroulaient sous ses yeux. Nous ferons remarquer cependant que le portrait qu'il trace des Huns s'applique surtout à la branche occidentale, c'est-à-dire aux tribus finnoises ou finno-mongoles.

« Les Huns, dit-il, dépassent tout ce qu'on peut imaginer de plus barbare et de plus sauvage, Ils sillonnent profondément avec le fer les joues de leurs enfants nouveau-nés, afin que les poils de la barbe soient étouffés sous les cicatrices ; aussi ont-ils, jusque dans leur vieillesse, le menton lisse et dégarni comme des eunuques. Leur corps trapu, avec des membres supérieurs énormes et une tête démesurément grosse, leur donnent une apparence monstrueuse : vous diriez des bêtes à deux pieds ; ou quelqu'une de ces figures en bois mal charpentées dont on orne les parapets des ponts. Au demeurant, ce sont des êtres qui, sous une forme humaine, vivent dans l'état des animaux. Ils ne connaissent pour leurs aliments ni les assaisonnements ni le feu : des racines de plantes sauvages, de la viande mortifiée entre leurs cuisses et le dos de leurs chevaux, voilà ce qui fait leur nourriture. Jamais ils ne manient la charrue ; ils n'habitent ni maisons ni cabanes, car toute enceinte de muraille leur paraît un sépulcre, et ils ne se croiraient pas en sûreté sous un toit. Toujours errants par les montagnes et les forêts, changeant perpétuellement de demeures, ou plutôt n'en ayant pas, ils sont rompus dès l'enfance à tous les maux, au froid, à la faim, à la soif. Leurs troupeaux les suivent dans leurs migrations, traînant des chariots où leur famille est renfermée. C'est là que les femmes filent et cousent les vêtements des hommes, c'est là qu'elles reçoivent les embrassements de leurs maris, qu'elles mettent au jour leurs enfants, qu'elles les élèvent jusqu'à la puberté. Demandez à ces hommes d'où ils viennent, où ils ont été conçus, où ils sont nés, ils ne vous le diront pas : ils l'ignorent. Leur habillement consiste en une tunique de lin et une casaque de peaux de rats sauvages cousues ensemble. La tunique est de couleur sombre et leur pourrit sur le corps ; ils ne la changent point qu'elle ne les quitte. Un casque aplati et des peaux de bouc roulées autour de leurs jambes velues complètent leur équipage. Leur chaussure, taillée sans forme ni mesure, les gêne à ce point qu'ils ne peuvent marcher, et ils sont tout-à-fait impropres à combattre comme fantassins, tandis qu'on les dirait cloués sur leurs petits chevaux, laids, mais infatigables et rapides comme l'éclair. C'est à cheval qu'ils passent leur vie, tantôt à califourchon, tantôt assis de côté, à la manière des femmes : ils y tiennent leurs assemblées, ils y achètent et vendent, ils y boivent et mangent, ils y dorment même, inclinés sur le cou de leurs montures. Dans les batailles, ils se précipitent sans ordre et sans plan, sous l'impulsion de leurs différents chefs, et fondent sur l'ennemi en poussant des cris affreux. Trouvent-ils de la résistance, ils se dispersent, mais pour revenir avec la même rapidité, enfonçant et renversant tout sur leur passage. Toutefois, ils ne savent ni escalader une place forte ni assaillir un camp retranché. Rien n'égale l'adresse avec laquelle ils lancent, à des distances prodigieuses, leurs flèches armées d'os pointus, aussi durs et aussi meurtriers que le fer. Ils combattent de près, avec une épée qu'ils tiennent d'une main et un filet qu'ils ont dans l'autre, et dont ils enveloppent leur ennemi tandis qu'il est occupé à parer leurs coups. Les Huns sont inconstants, sans foi, mobiles à tous les vents, tout à la furie du moment. Ils savent aussi peu que les animaux ce que c'est qu'honnête et déshonnête. Leur langage est obscur, contourné et rempli de métaphores. Quant à la religion, ils n'en ont point, ou du moins ils ne pratiquent aucun culte : leur passion dominante est celle de l'or… »

Cette absence de culte public dont parle Ammien Marcellin n'empêchait pas les Huns d'être livrés aux grossières superstitions de la magie. Ainsi ils connaissaient et pratiquaient certains modes de divination que les voyageurs européens du XIIIe siècle ont retrouvés encore en honneur à la cour des souverains tartares, successeurs de Tchinghiz-Khan.

Ces pratiques de sorcellerie, sa laideur, sa férocité avaient fait de ce peuple on de cette réunion de peuples un épouvantail pour les autres. Les Goths n'apprenaient jamais sans une secrète appréhension quelque mouvement des tribus hunniques, et leur appréhension était mêlée de beaucoup d'idées superstitieuses. Le Scandinave et le Finnois avaient toujours été placés en face l'un de l'autre comme des ennemis naturels. À l'extrémité opposée de l'Europe où les deux races se trouvaient en contact, le fils du Finn-mark était pour celui de la Scandie un nain difforme et malfaisant en rapport avec les puissances de l'enfer. Le Goth scandinave, nourri de ces préjugés haineux, les sentit se réveiller en lui, lorsqu'il se rencontra côte à côte sur la frontière d'Asie avec des tribus de la même race, plus hideuses encore que celles qu'il connaissait : il ne leur épargna ni les injures, ni les suppositions diaboliques. Les scaldes, historiens poètes des Goths, racontèrent que du temps que leur roi Filimer régnait, des femmes qu'on soupçonnait d'être *all-runes*, c'est-à-dire sorcières, furent bannies de l'armée et chassées jusqu'au fond de la Scythie ; que là ces femmes maudites rencontrèrent des esprits immondes, errants comme elles dans le désert ; qu'ils se mêlèrent ensemble et que de leurs embrassements naquit la race féroce des Huns, « espèce d'hommes éclose dans les marais, petite, grêle, affreuse à voir et ne tenant au genre humain que par la faculté de la parole. » Telles étaient les fables que les Goths se plaisaient à répandre sur ces voisins redoutés. Ceux-ci, à ce qu'il paraît, ne s'en fâchaient point. Semblables aux Tartares du XIIIe siècle, leurs proches parents et leurs successeurs, ils laissaient croire volontiers à leur puissance surnaturelle, diabolique ou non, car cette croyance doublait leur force en leur livrant des ennemis déjà vaincus par la frayeur.

Nous venons de dire que les Goths étaient issus de la Scandinavie, et en effet ils n'habitaient l'orient de l'Europe que depuis la fin du IIIe siècle de notre ère. Émigrés de leur patrie par suite de guerres intestines qui tenaient, selon toute apparence, aux luttes religieuses de l'odinisme, ils quittèrent la côte scandinave de conserve avec les Gépides, qui leur servaient d'arrière-garde. Du point de la Baltique où ils débarquèrent, ils se mirent en marche à travers la grande plaine des Slaves, se dirigeant vers le soleil levant, et ils arrivèrent après de longues fatigues et des combats continuels à l'endroit où le Borysthène ou Dniéper se jette dans la mer Noire : ils se divisèrent alors et campèrent par moitié sur chacune des rives, les Gépides ayant dirigé leur marche plus au midi. La partie de la nation gothique cantonnée à l'orient du fleuve prit par suite de cette circonstance le nom d'Ostrogoths, c'est-à-dire Goths orientaux ; l'autre celui de Wisigoths, Goths occidentaux ; ce furent les noyaux de deux états séparés qui grandirent et se développèrent sous des lois et des chefs différents. Les Ostrogoths élurent leurs rois parmi les membres de la famille des Amales, les Visigoths dans celle des Balthes. Intelligents, actifs, ambitieux, les Goths firent des conquêtes, ceux de l'ouest dans la Dacie qu'ils subjuguèrent jusqu'au Danube, ceux de l'est sur les tribus de la race slave. Mêlés bientôt aux affaires de Rome, comme des ennemis redoutables ou des auxiliaires précieux, les Visigoths y consumèrent toute leur activité, tandis que les Ostrogoths s'aguerrissaient dans des luttes sans fin et sans quartier contre les races les plus barbares. De proche en proche, ils soumirent les plaines de la Sarmatie et de la Scythie jusqu'au Tanaïs du côté du nord, jusqu'à la Baltique du côté de l'ouest. Un de leurs rois, Hermanaric, employa son long règne et sa longue vie à se battre et à conquérir ; maître de la race slave, il retomba de tout le poids de sa puissance sur les peuples de race germanique et réduisit à l'état de vasselage jusqu'aux Gépides et aux Visigoths, ses compatriotes et ses frères.

Tel fut ce fameux empire d'Hermanaric qui valut à son fondateur la gloire d'être comparé au grand Alexandre, dont les Goths avaient entendu parler depuis qu'ils étaient voisins de la Grèce ; mais l'Alexandre de Gothie ne montra ni l'humanité ni la sage politique du roi de Macédoine, qui ménageait si bien les vaincus. Les pratiques d'Hermanaric et des conquérants ostrogoths furent toutes différentes. Un des peuples sujets de leur domination s'avisait-il de remuer, les traitements les plus cruels le rappelaient bien vite à l'obéissance. Tantôt de grandes croix étaient dressées en nombre égal à celui des membres de la tribu royale qui gouvernait ce peuple, et on les y clouait tous sans miséricorde ; tantôt c'étaient des chevaux fougueux que les Goths chargeaient de leur vengeance, et les femmes elles-mêmes n'échappaient pas à ces affreux supplices. Vers le temps où commence notre récit, un chef des Roxolans, nation vassale des Ostrogoths qui habitait près du Tanaïs, ayant noué des intelligences avec les rois Huns, la trame fut découverte ; mais le coupable eut le temps de se sauver. La colère d'Hermanaric retomba sur la femme de cet homme. Saniehl (c'était son nom) fut liée à quatre chevaux indomptés et mise en pièces. Des frères qu'elle avait jurèrent de la venger ; ils attirèrent Hermanaric dans un guet-apens et le frappèrent de leurs couteaux. Le vieux roi (il avait alors cent dix ans) n'était pas blessé mortellement, mais ses plaies furent lentes à guérir, et elles ne faisaient que se cicatriser lorsqu'un nouvel appel des Roxolans décida les Huns à partir. Tels sont les faits de l'histoire ; mais plus tard, quand le déluge qu'ils avaient provoqué par leurs cruautés impolitiques vint à fondre sur eux, les Goths trouvèrent dans leurs préjugés superstitieux des raisons plus commodes pour justifier leur défaite. Ils racontèrent que des chasseurs huns poursuivant un jour une biche, celle-ci les avait attirés de proche en proche jusqu'au Palus-Méotide, et leur avait révélé l'existence d'un gué à travers ce marais qu'ils avaient cru aussi profond que la mer. Comme un guide attentif et intelligent, la biche partait, s'arrêtait, revenait sur ses pas pour repartir encore, jusqu'à l'instant où, ayant atteint la rive opposée, elle disparut. On devine bien qu'au dire des Goths il n'y avait là rien de réel, mais une apparition pure, une forme fantastique créée par les démons. « C'est ainsi, ajoute Jornandès, Goth lui-même et collecteur un peu trop crédule des traditions de sa patrie, c'est ainsi que les esprits dont les Huns tirent leur origine les conduisirent et les poussèrent à la destruction des nations gothiques. »

Ce fut en l'année 374 que la masse des Huns occidentaux s'ébranlant passa le Volga sous la conduite d'un chef nommé Balamir. Elle se jeta d'abord sur les Alains, peuple pasteur qui possédait la steppe située entre ce fleuve et le Don ; ceux-ci résistèrent quelques instants, puis, se voyant les plus faibles, ils se réunirent à leurs ennemis, suivant l'usage immémorial des nomades de l'Asie. Franchissant alors sous le même drapeau le gué des

Palus-Méotides, Huns et Alains se précipitèrent sur le royaume d'Hermanaric. Le roi goth, toujours malade de ses blessures, essaya d'arrêter ce tourbillon de nations, comme dit Jornandès ; mais il fut repoussé. Il revint à la charge, et fut encore battu ; ses plaies se rouvrirent, et, ne pouvant plus supporter ni la souffrance ni la honte, il se perça le cœur de son épée. Le successeur d'Hermanaric, Vithimir, périt bravement dans un combat, laissant deux enfants en bas âge, que des mains fidèles sauvèrent chez les Visigoths. Les Ostrogoths n'eurent plus qu'à se soumettre. Les Visigoths, s'attendant à être attaqués à leur tour, s'étaient retranchés derrière le Dniester sous le commandement du juge ou roi Athanaric, le plus grand de leurs chefs ; mais les Huns, avec leurs légères montures, se jouaient des distances et des rivières. Un gros de leurs cavaliers, avant découvert un gué bien au-delà des lignes des Goths, passa le fleuve par une nuit claire, et, redescendant la rive opposée, surprit le quartier du roi, qui lui-même eut peine à s'échapper. Ce n'était qu'une alerte ; néanmoins ces mouvements impétueux, imprévus, dérangeaient l'infanterie pesante des Goths et la tenaient dans une inquiétude fatigante. Le Pruth, qui se jette dans le Danube et qui longe à son cours supérieur les derniers escarpements des monts Carpathes, semblait offrir une ligne de défense plus sûre : Athanaric y transporta son armée. Profitant des leçons des Romains, il fit garnir de palissades et d'un revêtement de gazon la rive droite de la rivière depuis son confluent jusqu'aux défilés de la montagne ; avec ce bouclier devant lui, comme s'exprime un contemporain, et derrière lui la retraite des Carpathes, il espérait se garantir ou du moins tenir bon longtemps : mais la chose tourna tout autrement qu'il ne pensait.

Le danger commun aurait dû réunir les Visigoths, chefs et tribus : le danger commun les divisa. Tout, chez ce peuple, était matière à contestation : la religion comme la guerre, l'attaque comme la défense, et cette division tenait surtout à des changements profonds survenus dans ses mœurs depuis trois quarts de siècle. Une partie avait embrassé le christianisme, l'autre restait païenne fervente, et tandis qu'Athanaric persécutait cruellement les chrétiens au nom du culte national, deux autres princes de race royale, Fridighern et Alavive, s'étaient déclarés leurs protecteurs. Le patronage de ces deux hommes puissants réussit à calmer les rigueurs de la persécution ; mais il en résulta entre eux et Athanaric une inimitié personnelle, ardente, qui se révélait à chaque occasion. Athanaric, calculant toutes les chances de la guerre actuelle, avait proposé aux Visigoths de faire retraite dans les Carpathes jusqu'au plateau abrupte et presque inaccessible appelé Caucaland, si leur position se trouvait forcée : c'était là son plan ; Fridighern et Alavive en eurent aussitôt un autre. Ils conseillèrent aux tribus visigothes de se réfugier de l'autre côté du Danube, sur les terres romaines, où l'empereur, disaient-ils, ne leur refuserait pas un cantonnement. Constantin n'avait-il pas ouvert la Pannonie aux Vandales Silinges lorsqu'ils fuyaient devant leurs armes ? Valens ne ferait pas moins pour les Goths, qui trouveraient dans quelque endroit de la Mésie ou de la Thrace un sol fertile et de gras pâturages pour leurs troupeaux ; rien ne les y troublerait plus, car ils auraient mis une barrière infranchissable, le Danube et les lignes romaines, entre eux et les démons qui les poursuivaient. Quant aux Romains, ils y gagneraient les services des Goths, qui n'étaient certes point à dédaigner. Voilà ce que répétaient les adversaires d'Athanaric : là-dessus la discorde éclata. Athanaric, ennemi de Rome depuis son enfance et fils d'un père qui lui avait fait jurer sous la foi d'un serment terrible qu'il ne toucherait jamais de son pied la terre des Romains, Athanaric, qui avait tenu religieusement son serment, combattit la proposition de Fridighern comme un outrage pour sa personne et une lâcheté pour les Goths. Fridighern put lui répondre (car c'était là l'opinion de son parti) que si les persécuteurs des chrétiens, ceux qui naguère les faisaient périr sous le bâton, les étouffaient dans les flammes, les attachaient à des solives en forme de croix pour les précipiter ensuite, la tête en bas, dans le courant des fleuves, que si ceux-là pouvaient justement craindre de toucher du pied une terre romaine, il n'en était pas de même des persécutés. L'enfant de Christ était frère de l'enfant de Rome ; on l'avait bien vu au temps du martyre, lorsque les bannis d'Athanaric trouvaient au-delà du Danube non-seulement un refuge toujours ouvert et du pain, mais des consolations, en un mot une hospitalité fraternelle. Le vieil et vénérable Ulfila, apôtre et oracle des Goths, contribuait à répandre ces illusions, qu'il partageait lui-même aveuglément.

Ulfila, dont le nom est resté si célèbre dans l'histoire des Goths, tirait son origine de la Cappadoce. Comme les tempêtes emportent au loin sur leurs ailes le germe des meilleurs fruits, la guerre et le pillage avaient apporté chez les Visigoths les semences du christianisme des familles romaines traînées en captivité leur avaient donné leurs premiers apôtres. D'une de ces familles sortait Ulfila. Né en Gothie, élevé parmi les barbares, sous les yeux d'un père chrétien et romain, il unit dans son cœur le culte de Rome chrétienne à un amour dévoué pour sa nouvelle patrie. Des liens de reconnaissance personnelle le rattachaient d'ailleurs aux Romains : il n'oublia jamais qu'ayant été chargé, bien jeune encore, d'une mission des rois goths à Constantinople, le grand Constantin l'avait accueilli avec intérêt et fait ordonner évêque de sa nation malgré son âge, et enfin qu'un personnage alors fameux, Eusèbe de Nicomédie, le chapelain et le confident de l'empereur, lui avait imposé les mains. De retour en Gothie, Ulfila s'était voué corps et âme à la conversion de ses compatriotes barbares. Pour faciliter sa prédication et rompre en même temps avec les traditions poétiques, qui ne parlaient aux Goths que de leurs dieux nationaux, il imagina de traduire dans leur langue le *livre* des chrétiens, et, comme les Goths n'avaient pas d'écriture, il leur composa un alphabet avec des caractères grecs et quelques autres, peut-être runiques, qu'il affecta à certaines articulations particulières à leur idiome. Toutefois, il s'abstint de traduire dans l'Ancien Testament les livres des Rois, où sont racontées les guerres du peuple hébreu, de peur de stimuler chez sa nation le goût des armes, déjà trop prononcé, et pensant, dit le contemporain qui nous donne ce détail, que les Goths, en fait de batailles, avaient plutôt besoin d'un frein que d'un éperon. Cette idée naïve peint d'un seul trait le bon et saint prêtre que de tels scrupules tourmentaient. Son œuvre eut plus de portée encore qu'il ne l'avait espéré : ce fut toute une révolution dans les mœurs des Visigoths ; aussi ses compatriotes lui décernèrent-ils le titre de nouveau Moïse. En sa qualité d'évêque, Ulfila avait assisté à plusieurs conciles de la chrétienté romaine, où il s'était fait estimer par la droiture de son âme et la sincérité de sa foi plus que par sa science théologique. Quand la persécution éclata sur les bords du Dniester, Ulfila ne dut la vie qu'à l'hospitalité des Romains de Mésie, qui l'accueillirent avec empressement, lui et tous les confesseurs qui le suivirent dans sa fuite. Cet homme simple et convaincu ne doutait donc point qu'au-delà du Danube fût encore la terre promise pour ses frères et pour lui. Telle était l'autorité de sa parole, qu'elle entraîna sans peine la majorité des Goths, non pas seulement les chrétiens, mais la masse des païens qui ne nourrissaient aucun fiel contre la nouvelle religion. Athanaric, presque abandonné, alla se retrancher avec le reste des tribus dans les défilés de Caucaland.

La troupe de Fridighern et d'Alavive se mit en marche vers le Danube avec autant d'ordre, que le comportait une pareille multitude, traînant avec elle le mobilier de toute une nation. Les hommes armés venaient les premiers, puis les femmes, les enfants, les vieillards, les troupeaux, les chariots de transport. Ulfila, en tête de son clergé *blond* et *fourré*, veillait sur l'église ambulante, qui se composait d'une grande tente fixée sur un plancher à roues, et renfermant avec le tabernacle les ornements et les livres liturgiques. Le trajet n'était pas long, et les Goths atteignirent bientôt la rive du Danube en face des postes de la Mésie. À cette vue et par un mouvement spontané, ils se précipitèrent à genoux, poussant des cris suppliants et les bras tendus vers l'autre bord. Les chefs qui les précédaient ayant fait signe qu'ils voulaient parler au commandant romain, on leur envoya une barque dans laquelle montèrent Ulfila et plusieurs notables goths. Conduits devant le commandant, ceux-ci exposèrent leur demande : « Chassés de leur patrie par une race hideuse et cruelle à laquelle, disaient-ils, rien ne pouvait résister, ils arrivaient avec ce qu'ils avaient de plus cher, priant humblement les Romains de leur accorder un territoire, et promettant d'y vivre tranquilles en servant fidèlement l'empereur. » L'affaire était trop grave pour qu'un simple officier de frontière pût la décider : le commandant renvoya donc les députés à l'empereur, qui tenait alors sa cour dans la ville d'Antioche. On mit à leur disposition, suivant l'usage, les chevaux et les chariots de la course publique, et ils partirent, tandis qu'Alavive et Fridighern faisaient camper leurs bandes sur la rive gauche du fleuve, dans le meilleur ordre possible.

L'empire d'Orient se trouvait alors aux mains de Valens, frère de Valentinien Ier, qui, après avoir gouverné glorieusement l'Occident, venait de mourir, pour le malheur des Romains. Valens était un composé bizarre de bonnes qualités et de mauvaises prétentions. On avait estimé en lui, dans les variations de sa fortune, un grand esprit de désintéressement et d'équité : terrible aux méchants, protecteur des petits, il se montrait un dur, mais impartial justicier comme son frère, pour qui il professait une admiration respectueuse. C'était le seul cas où l'on voyait faiblir sa vanité. Soldat rude, mais brave et sympathique aux soldats, général assez expérimenté pour bien commander sous un autre, il s'était laissé éblouir par l'éclat d'une fortune qu'il ne devait qu'au mérite de Valentinien. D'illusions en illusions, il était arrivé à l'aveuglement d'un homme né sur la pourpre c'était la même croyance en sa propre infaillibilité, la même confiance naïve en ses flatteurs. Complètement illettré et si bien fait pour l'être, qu'à l'âge de cinquante ans, et après douze ans de règne en Orient, il n'avait pas encore réussi à entendre couramment la langue grecque, il n'en prétendait pas moins régenter l'église orientale, alors en proie aux déchirements de l'arianisme. Ces distinctions subtiles, ces pièges de doctrine et surtout de langage que les demi-ariens lançaient comme autant de filets où se prirent souvent les plus habiles, semblaient un jeu pour Valens : il décidait, il tranchait, il innovait, et les évêques de sa cour, gens perdus dans les intrigues, après en avoir fait un théologien infaillible, n'eurent pas de peine à en faire un persécuteur forcené. Valens semblait renier, dès qu'il s'agissait de religion, la droiture et l'équité proverbiales de son caractère, pour n'en justifier que la rigueur. Jamais encore le catholicisme n'avait passé de si mauvais jours : ses évêques étaient bannis, ses temples fermés ; partout en Orient le schisme et l'apostasie étaient provoqués par la corruption ou imposés par la violence. Cet homme qui n'avait eu longtemps de plaisir que dans les fatigues du champ de bataille, qui avait vaincu les Goths et les Perses, ne rêvait plus que théologie ; dans son abandon des affaires, on eût dit qu'il sacrifiait volontiers son titre de prince du peuple romain à celui de prince de l'église arienne.

Valens se livrait donc dans la ville d'Antioche, en compagnie de quelques évêques, ses favoris, à l'un de ces loisirs théologiques qui lui faisaient tout oublier, lorsque la nouvelle des événements d'outre-Danube lui parvint par de vagues rumeurs. On racontait qu'une race d'hommes inconnus, — sortie des marais scythiques, — s'était précipitée sur l'Europe avec la violence irrésistible d'un torrent, culbutant les Alains sur les Ostrogoths, et ceux-ci sur les Visigoths, qui fuyaient devant elle comme un troupeau timide. D'abord on en rit comme d'une fable, attendu qu'à chaque instant il arrivait de ces contrées lointaines des bruits que l'instant d'après démentait ; mais il fallut bien y croire quand un courrier, venu à toute vitesse, apporta l'annonce officielle des propositions des Visigoths et du départ de leurs députés pour Antioche. La cour fut dans un grand émoi. Que fallait-il répondre aux envoyés ? quelle conduite conversait-il de tenir vis-à-vis des Goths ? Les hommes légers et les courtisans se récriaient sur le bonheur qui accompagnait l'empereur en toute circonstance : « Voilà, disaient-ils, que les ennemis de César sollicitent l'honneur de devenir ses soldats ; la terrible nation des Goths se transforme en une armée romaine devant laquelle la Barbarie tout entière devra trembler. Valens y puisera toutes les recrues dont il aura besoin, laissant le paysan romain à sa charrue ; les terres en seront mieux cultivées, et les provinces, qui ne paieront plus leur contingent militaire qu'en argent, verseront l'abondance dans le trésor de César. » Les hommes sérieux et prudents tenaient un tout autre langage. « Gardons-nous, répétaient-ils, d'introduire les loups dans la bergerie le berger pourrait s'en trouver mal. Un jour viendrait où, cédant à leur naturel féroce, les loups égorgeraient les chiens et se rendraient maîtres du troupeau. » Les arguments pour et contre furent débattus avec vivacité dans le conseil impérial ; Valens les écouta, puis il se décida par une raison que lui seul pouvait imaginer. Il déclara qu'il admettrait les Goths, s'ils se faisaient ariens.

Les Goths avaient reçu le christianisme à peu près de toutes mains ; ils comptaient même des hérésiarques parmi leurs apôtres. Le Mésopotamien Audaeus, qui enseignait que Dieu doit avoir une forme matérielle et un corps, puisqu'il a créé l'homme à son image, Audaeus, avec sa grossière hérésie, s'était fait parmi eux de nombreux prosélytes et des martyrs. Pourtant ils se croyaient bons catholiques, et si les subtilités du demi-arianisme pouvaient prendre en défaut ces théologiens des forêts, ils éprouvaient une profonde horreur pour l'arianisme pur, celui qui ravalait le Christ au-dessous de son père jusqu'à en faire une créature. Les évêques, absorbés par les soins d'une prédication laborieuse, ressemblaient en beaucoup de points au troupeau. Théophile, prédécesseur d'Ulfila, avait souscrit, il est vrai, les actes orthodoxes du concile de Nicée ; mais celui-ci adhéra au formulaire sem-arien de Rimini, que d'abord il ne jugea pas contraire au catholicisme ; puis, voyant beaucoup de signataires se rétracter, il se rétracta comme eux. Or, Valens prétendait qu'Ulfila revînt à son premier avis, et que, par son autorité que l'on savait toute-puissante, il imposât à ses frères les dogmes de l'arianisme mitigé : Valens mettait à ce prix le succès de son ambassade. Une fois le mot d'ordre donné, des docteurs insinuants, des évêques en crédit furent échelonnés sur le passage du barbare à travers l'Asie Mineure ; il eu trouvait à chaque station qui, sous le prétexte de le saluer, se mettaient à le catéchiser ou se plaçaient à ses côtés dans le chariot pour le convertir chemin faisant. Au palais d'Antioche, ce fut bien pis ; quand il voulait parler des misères de son peuple, on lui répondait par des dissertations sur l'identité ou la conformité des substances. On le fatiguait d'arguments et de discussions pour mieux l'enchaîner, et, pendant ces luttes inhumaines, le malheureux peut-être croyait entendre dans le lointain le cri de ses compatriotes aux abois, qui le suppliaient de les sauver. Au fond, il finit par n'attacher qu'une médiocre importance à des choses si subtiles et qui lui semblaient si obscures, il se persuada que l'ambition des évêques et l'acharnement de l'esprit de parti en faisaient seuls tout le mérite. Ce sont les motifs qui le déterminèrent à se plier aux volontés de l'empereur, si nous en croyons les historiens du temps, et le vieil évêque visigoth, après avoir courbé sous ces dures nécessités sa tête blanchie par l'âge et cicatrisée par le martyre, alla porter aux siens leur salut, qui lui coûtait si cher. Valens triomphait et se croyait un nouveau Constantin. Néanmoins, de peur qu'on ne lui pût reprocher de sacrifier la politique à la religion, il décida que les femmes et les enfants des Goths, au moins des Goths notables, passeraient les premiers et seraient envoyés dans les villes de l'intérieur pour y être gardés à titre d'otages, et que les hommes ne seraient admis à franchir le fleuve qu'autant qu'ils auraient déposé leurs armes. Au moyen de ces précautions sur la sagesse desquelles chacun s'extasiait, Valens crut avoir conjuré tout péril. Une flottille romaine fut chargée d'effectuer le transport des Goths, et des agents civils, sous les ordres d'un officier spécial, le comte Lupicinus, allèrent choisir les cantons où ce peuple de colons s'établirait, mesurer les lots, délivrer des vivres, du bois et des instruments de culture.

Les difficultés misérables dont Ulfila et ses compagnons s'étaient vus assaillis doublèrent le temps de leur voyage, et cependant les Goths, campés dans la plaine du Danube, comptaient les jours avec une sombre inquiétude. Leurs provisions s'épuisaient, bientôt ils allaient sentir la faim. Portant perpétuellement les yeux des lignes romaines aux plaines du nord, tantôt ils croyaient apercevoir la barque qui ramenait leurs députés, tantôt il leur semblait voir la légère cavalerie des Huns poindre à l'horizon opposé et franchir l'espace avec sa rapidité ordinaire. Ils passaient ainsi vingt fois par jour de l'espoir trompé aux plus mortelles terreurs. Enfin le désespoir les prit. Quoique le Danube, grossi par les pluies, roulât alors une masse d'eau effroyable, beaucoup entreprirent de le traverser de force. Les uns se jettent à la nage et sont emportés par le fil de l'eau, d'autres montent dans des troncs d'arbres creusés ou sur des radeaux qu'ils dirigent avec de longues perches ; mais lorsque, par des efforts inouïs, ils sont parvenus à dominer le courant, les balistes romaines dirigent sur eux une grêle de projectiles, et le fleuve roule pêle-mêle des débris de barques et des cadavres. Le retour des députés mit fin à ces scènes de désolation. La flottille romaine fit aussitôt son office, voyageant sans interruption d'un bord à l'autre. Beaucoup, pour ne pas attendre leur tour, se faisaient remorquer sur des troncs d'arbres ou des planches à peine liées ensemble. Les femmes et les enfants passèrent les premiers, conformément aux ordres de l'empereur ; ensuite vinrent les hommes. Des agents chargés de compter les têtes des passagers s'arrêtèrent, dit-on, fatigués ou effrayés de leur nombre. « Hélas ! s'écrie Ammien Marcellin avec une emphase pleine d'amertume, vous compteriez plus aisément les sables que vomit la mer quand le vent la soulève sur les rivages de la Libye ! » On constata pourtant que le nombre des hommes en état de porter les armes était d'environ deux cent mille.

Sur l'autre bord commença un triste et honteux spectacle, où l'administration romaine étala comme à plaisir les plaies de sa corruption. Quand les femmes, les jeunes filles, les enfants eurent été mis à part pour être internés, les préposés romains, tribuns, centurions, officiers civils, se jetèrent sur eux comme sur une proie qui leur était dévolue. Chacun, dit un écrivain du temps, se fit sa part suivant son goût : l'un s'adjugea quelque grande et forte femme ; l'autre quelque jeune fille blonde aux yeux bleus. Les agents de prostitution furent aussi là, trafiquant pour les lieux infâmes. On enlevait les jeunes garçons pour les réduire en servitude. D'autres, plus avares et qui avaient des terres à cultiver, prirent des hommes robustes qu'ils envoyèrent dans leurs propriétés comme serfs ou colons. L'ordre exprès de déposer les armes ne fut exécuté nulle part ; les préposés fermaient les yeux pour de l'argent, et, dans son orgueil sauvage', le Goth eût plutôt livré tout ce qu'il possédait, son or, sa femme, ses pelleteries, le tapis à double frange qui faisait son luxe ; beaucoup restèrent donc armés. Quant aux vivres qui devaient être distribués aux émigrants, ils se trouvèrent avariés par la fraude des intendants ; ils étaient d'ailleurs en quantité insuffisante. Alors on spécula sur la faim de ces infortunés ; on leur vendit au poids de l'or jusqu'à la chair des animaux les plus immondes. Un chien mort s'échangeait contre un esclave. Il paraît que les femmes transplantées dans les villes de l'intérieur, éblouies par le luxe, amollies par l'abondance, s'accommodèrent assez bien à leur sort. « On les voyait, dit un contemporain, se pavaner sous de riches habits, dans un attirail malséant pour des captives ; mais leurs fils, favorisés par la fécondité du climat, grandirent comme des plantes précoces et vénéneuses, ayant au cœur la haine de Rome. » Que pensait, que disait au milieu de tout cela le Moïse des Goths, qui n'avait procuré à son peuple, au lieu des douceurs de la terre promise, que les misères et la captivité de l'Égypte ? On devinerait difficilement quelles angoisses et quels regrets assaillirent cette âme honnête à la vue de tant de déceptions, mais, si justes que fussent ses regrets, il dut remplir sa promesse. Les Goths païens furent baptisés, et tous jurèrent d'adopter le formulaire de Rimini, ou plutôt la profession de foi de leur évêque, car là était pour eux l'orthodoxie. Ulfila, pour prévenir en eux tout scrupule de conscience, leur expliqua, conformément au système qu'il s'était fait à lui-même, que ces détails n'importaient que faiblement à la religion du Christ. Cela n'empêcha pas que les Visigoths ne cessassent dès-lors d'appartenir à la chrétienté catholique, et que plus tard, par le progrès naturel des doctrines et l'opiniâtreté de l'esprit de secte, ils ne devinssent ariens véritables, ariens propagandistes et persécuteurs.

Tant d'outrages, tant d'iniquités finirent par exaspérer les Goths un guet-apens, tendu par le comte Lupicinus à leurs chefs Fridighern et Alavive au milieu d'un festin, mit le comble à leur colère : ils ouvrirent le passage du Danube à d'autres bandes barbares qui les avaient suivis ; ils se procurèrent ou se fabriquèrent clandestinement les armes qui leur manquaient, et se mirent à piller. Une armée romaine tenta de les arrêter ; elle fut battue près de Marcianopolis, capitale de la Petite-Scythie. Fridighern empêchait ses compagnons de perdre leur temps contre les places fortes, qu'ils ne savaient pas assiéger ; son mot d'ordre était : « Paix aux murailles ! » mais les bourgades ouvertes, mais la villa du riche et la cabane du pauvre voyaient fondre sur elles une guerre sans quartier. Toutes les injures accumulées par les Romains sur les Goths, pillages, viols, assassinats, leur furent rendues au centuple. Tiré de ses rêves de gloire théologique, Valens accourut à Constantinople, et fut presque lapidé par le peuple : les catholiques triomphaient. Comme il sortait de la ville, un ermite, quittant sa cellule, construite non loin de la route, se mit en travers devant lui, et l'arrêta pour le maudire et lui annoncer sa mort prochaine. Le malheur dissipant dans l'esprit de Valens toutes les fumées de la puissance, il redevint, comme aux jours de sa jeunesse, un soldat vigoureux et hardi jusqu'à l'imprudence. Avec une armée en désarroi, quelques troupes fraîches et des recrues, il entreprit bravement de balayer ces bandes victorieuses ou de périr à la tâche. Dans son impatience de combattre ou dans sa crainte de se laisser ravir la gloire du succès, il refusa d'attendre son neveu Gratien, empereur d'Occident, qui s'était mis en route pour le rejoindre : cet empressement le perdit. Les Romains manquaient de vivres, et Fridighern, qui le savait, les promenait de délai en délai pour les affamer ; tantôt c'était un prêtre qui venait au nom du ciel protester des intentions pacifiques des Goths ; tantôt de feintes propositions d'accommodement amusaient l'empereur, pendant que le rusé barbare ralliait une de ses divisions de cavalerie absente du camp.

La bataille se livra dans une plaine entre Adrianopolis, aujourd'hui Andrinople, et la petite ville de Nicée, le 9 août 378, par un jour d'une chaleur accablante. Pour augmenter les souffrances des Romains, Fridighern fit mettre le feu à des broussailles dont la plaine était couverte de leur côté, et, l'incendie se communiquant de proche en proche, le camp romain se trouva comme emprisonné dans un cercle de flammes. L'audace même de Valens nuisit à son succès. S'étant avancé sans précaution à la tête de ses gardes, il entraîna les légions, qui, séparées de leur cavalerie, furent bientôt cernées par les Goths. Des nuages d'une poussière fine obscurcissaient le ciel et empêchaient les combattants d'apercevoir leurs ennemis : les traits partaient au hasard ; on se cherchait, on s'égarait comme dans l'ombre d'un crépuscule. Quand les fronts des armées se rencontrèrent, la masse des Barbares, poussant toujours dans le même sens, parvint à rompre l'ordonnance des légions, qu'elle écrasa de son poids. Sur ces entrefaites, la nuit arriva, nuit sombre et sans lune. Valens, que ses généraux pressaient en vain de se retirer, combattait toujours, quand il tomba percé d'une flèche. Quelques soldats le relevèrent et l'emportèrent dans une cabane de paysan qui se trouvait à peu de distance du champ de bataille. On pansait sa blessure, lorsqu'une bande de pillards goths s'approcha, et, trouvant les portes défendues, amoncela autour de la cabane de la paille et des fagots auxquels elle mit le feu. Valens périt brûlé ; les deux tiers de son armée jonchaient la plaine, et les contemporains purent justement comparer cette journée néfaste à celle de Cannes.

Maîtres de la Thrace et de la Macédoine, les Goths ravagèrent ces provinces tout à leur aise jusqu'à l'année suivante, où Théodose vint prendre possession de l'Orient. Non moins habile à pacifier qu'à vaincre, le nouvel empereur fit sentir aux Barbares la force de son bras avant de les recevoir à composition ; puis, les ayant réduits à l'implorer, il les enferma dans un cantonnement où il mit à profit leurs services. Après sa mort, la trahison de Rufin, ministre d'Arcadius, les en tira pour les lancer sur la Grèce. Alors commença, sous la conduite d'Alaric, le plus célèbre de leurs rois, ce long et sanglant pèlerinage des Visigoths qui les conduisit à travers la Grèce et l'Italie jusque dans le midi des Gaules, où ils s'arrêtèrent.

## II. – L'EMPIRE HUNNIQUE SUR LE DANUBE.
## – ATTILA ET BLEDA.

Comme la mer, lorsqu'elle a franchi ses digues, se précipite et couvre en un instant des plaines sans défense, ainsi les hordes de Balamir eurent bientôt couvert tout le pays que la fuite des Goths rendait libre. Arrivés devant le vaste fossé du Danube, les Huns s'arrêtèrent avec crainte et n'inquiétèrent point l'empire romain ; mais ils continuèrent à batailler contre les peuples barbares. Ils ne laissaient point d'ennemis derrière eux : la nation des Ostrogoths s'était résignée au joug ; les anciens vassaux d'Hermanaric passaient l'un après l'autre à Balamir ; Athanaric seul tenait bon avec ses tribus fidèles dans les vallées les plus abruptes des Carpathes ; mais ces tribus mêmes, traquées dans leurs défilés et mourant de faim, résolurent d'imiter l'exemple de Fridighern, qu'elles avaient tant blâmé, et de se donner aux Romains plutôt que de courber la tête sous les fils des sorcières. Quelles que fussent ses répugnances, Athanaric adopta ce parti, et, les Romains n'ayant point repoussé sa demande, les Visigoths sortirent à l'improviste de leurs rochers, gagnèrent la rive du fleuve et s'embarquèrent. Ce fut pour toutes les nations européennes, civilisées ou barbares, un grand événement que cette intrusion des Huns au milieu d'elles, ce progrès de l'Asie nomade sur l'Europe. Tout, dans la contrée envahie, changea d'aspect aussitôt : les rudiments de culture qui provenaient des Goths furent abandonnés ; la vie sédentaire disparut ; la vie nomade revint dans toute son âpreté, et la zone circulaire qui menait du bas Danube à la mer Caspienne le long de la mer Noire ne fut plus qu'un passage perpétuellement sillonné de hordes et de troupeaux. La tribu royale des Huns se fixa sur le Danube, comme une sentinelle vigilante occupée à épier ce qui se passait au-delà. Chaque année, le palais de planches de ses rois fit un pas de plus vers le cours moyen du fleuve, et chaque année quelque empiétement sur les peuplades riveraines, en prolongeant la frontière des Huns, multiplia leurs points de contact avec l'empire romain.

Dans cette situation, les Huns, qui ne cultivaient point et qui eurent bientôt détruit le peu de culture qu'ils avaient trouvée, ne pouvaient vivre sans recevoir des Romains du blé et de l'argent, ou sans piller leurs terres. Il fallut donc de toute nécessité que Rome les prît à sa solde, et ils la servirent bien soit contre les autres, soit contre eux-mêmes. Qu'on se représente l'empire mongol toutes les fois qu'il ne fut pas concentré dans la main d'un Tchinghiz-Khan ou d'un Timour ; c'est le spectacle qu'offrait alors l'empire des Huns : des hordes séparées, des royaumes distincts, des chefs indépendants ou à peu près, reconnaissant à peine un lien fédératif. L'un menaçait-il quelque province romaine d'une invasion, l'autre proposait aussitôt à l'empereur des troupes auxiliaires pour la défendre. C'était une joute autorisée entre frères, une industrie pratiquée par tous et réputée d'autant plus honnête qu'elle était plus lucrative. La faiblesse du lien fédéral se faisait surtout sentir entre les deux groupes principaux de la domination hunnique. Les Huns blancs et toutes les hordes caspiennes qui n'avaient point suivi Balamir prétendaient se gouverner, faire la guerre ou la paix à leur fantaisie ; il en était de même des tribus qui, bien qu'appartenant aux Huns noirs, s'étaient arrêtées près de la limite de l'Europe sans pousser plus loin. La politique romaine, habile à ce genre de travail, s'interposait dans ces séparations pour les élargir, ne négligeant ni l'argent ni les promesses, et recherchant surtout l'alliance des Huns orientaux afin de contenir ceux du Danube. La tribu royale elle-même n'avait point d'unité, et ses membres, qui se partageaient le gouvernement des tribus, agissaient chacun de son côtés Ce fut la terrible volonté d'Attila qui leur imposa cette unité d'action comme un premier pas vers la formation d'un empire unitaire.

Théodose, qui avait pour système de tenir en échec les auxiliaires barbares les uns par les autres, employa les Huns pour contrebalancer les Goths, dont il redoutait la force. Cette politique fut également celle de ses fils. Nous voyons, en 405, un certain Uldin, roi des Huns, servir Honorius contre les bandes de Radagaise, et décider par une charge de sa rapide cavalerie la victoire de Florence. Uldin avait déjà mérité les bonnes grâces d'Arcadius en lui envoyant, bien empaquetée, la tête du Goth Gaïnas, général romain, en révolte contre son empereur et réfugié au-delà du Danube. Il semble que toutes les fois qu'il s'agissait de se mesurer avec les Visigoths, qui n'étaient pour eux que des sujets fugitifs, les Huns ressentissent un redoublement d'ardeur. Avec les embarras de l'empire, les contingents hunniques s'accrurent ; déjà nombreux sous Honorius et Arcadius, ils le devinrent davantage, et on les vit s'élever au chiffre énorme de soixante mille hommes pendant la régence de Placidie. Grace à cet état de choses, qui faisait affluer l'argent dans leur trésor, les rois huns ménagèrent un pays qui les engraissait plus par la paix qu'il n'eût fait par des pillages partiels. Ils se conduisirent donc assez pacifiquement pendant les cinquante premières années de leur établissement sur le Danube.

Toutefois, si le monde romain échappa d'abord à l'action directe des Huns, il n'échappa point au contre-coup des désordres que leur arrivée et leurs guerres produisirent sur sa frontière du nord. La vallée du Danube, encombrée de tribus barbares de toute race qui se croisaient dans leur marche, se choquaient, se culbutaient les unes sur les autres, ressemblait à une fourmilière bouleversée. Au milieu de tous ces chocs, il se forma comme deux courants en sens contraire par où ce trop plein de nations essaya de s'écouler. L'un se dirigea sur l'Italie par les Alpes illyriennes, et produisit l'invasion de Radagaise, qui mit Rome, en 405, à deux doigts de sa perte ; l'autre remonta le Danube vers son cours supérieur, pour se reverser sur la Gaule. Cette dernière émigration était provoquée par les Alains, qui s'étaient séparés des Huns et craignaient leur colère. Sur son passage, la horde Alaine, nomade comme les Huns, déplaçait les populations riveraines du fleuve, et les faisait marcher avec elles. Elle s'adjoignit ainsi les Vandales Silinges, cantonnés sur la rive romaine depuis Constantin, les Vandales Astinges, établis sur la rive barbare, au pied des Carpathes, et plus loin les nombreuses tribus des Suèves. Cette armée de peuples envahit la Gaule le dernier jour de l'an 406, et, après l'avoir remplie de ruines pendant quatre ans, elle passa dans la province d'Espagne, dont elle se partagea les lambeaux. Tel fut, pour l'empire d'Occident, une des conséquences de l'arrivée des Huns : ce n'était pas la plus funeste.

Les Huns avançaient toujours, occupant les territoires déblayés par l'émigration, et bientôt leurs tentes se dressèrent sur le moyen Danube. Quand ils y furent, leurs éclaireurs ne tardèrent pas à faire connaissance avec les nations germaniques voisines de la forêt Hercynienne et du Rhin. Les historiens racontent à ce sujet une aventure assez curieuse, et qui nous intéresse à plus d'un titre, nous autres Français, parce qu'elle concerne un des peuples dont le sang est mêlé dans nos veines, le peuple des Burgondes ou Bourguignons. Ce peuple habitait naguère tout entier au pied des monts Hercyniens et sur les rives du Mein, où il vivait de la culture des terres, de travaux de charpente ou de charronnage, et du prix de ses bras qu'il louait dans les villes romaines de la frontière. Une partie de ses tribus s'était séparée des autres, en 407 ou 408, pour passer en Gaule, où elle avait obtenu de l'empereur Honorius un cantonnement dans l'Helvétie : la partie qui n'avait point quitté le territoire de ses pères était la plus faible. C'est sur elle que vinrent s'exercer les premiers pillages des Huns dans la vallée du Rhin. Au moment où l'on s'y attendait le moins, les villages burgondes étaient brûlés, les moissons enlevées, les femmes traînées en captivité ; puis le roi Octar, qui dirigeait ces pillages, partait pour reparaître bientôt après. Les Burgondes essayèrent de résister et furent battus. Ils obéissaient alors à un gouvernement théocratique, composé d'un grand-prêtre inamovible, appelé *siniste*, et de rois électifs et amovibles à la volonté de l'assemblée du peuple, ou plutôt à celle du grand-prêtre. L'armée burgonde éprouvait-elle un revers, l'année était-elle mauvaise et la récolte gâtée, quelque fléau naturel venait-il frapper la nation, vite elle destituait des rois qui n'avaient pas su se rendre le ciel favorable : ainsi le voulait la loi. On pense bien que, dans la circonstance présente, les Burgondes n'épargnèrent pas leur roi ; mais ils firent plus, ils cassèrent leur grand prêtre. Après en avoir mûrement délibéré, ils résolurent de s'adresser à un évêque romain pour obtenir, par son intermédiaire, le patronage du grand Dieu des chrétiens, car ils soupçonnaient leurs divinités de faiblesse ou d'impuissance contre la race infernale qui les attaquait. L'évêque consulté (on croit que ce fut saint Sévère de Trèves) leur répondit que le moyen d'obtenir ce qu'ils demandaient, c'était de recevoir le saint baptême « Demeurez ici, leur dit-il, vous jeûnerez pendant sept jours ; je vous instruirai et vous baptiserai. » Le septième jour, il les baptisa. Le narrateur contemporain de qui nous tenons ces détails semble insinuer que ce fut tout le peuple des Burgondes transrhénans qui reçut ainsi le baptême, chose peu probable, si l'on examine les circonstances : il y a plus de raison de croire que ceci se passa entre l'évêque et les principaux chefs au nom de tout le peuple et en quelque sorte par procuration pour lui. Quoi qu'il en soit, le moyen réussit. Cuirassés dès-lors contre les démons, les Burgondes se crurent invincibles ; ils attaquèrent à leur tour et taillèrent en pièces les Huns avec trois mille hommes seulement contre dix mille. Le roi

Octar, qui sortait d'une orgie la veille de la bataille, étant mort subitement pendant la nuit, les Burgondes virent dans cet événement comme dans l'autre la main du nouveau Dieu qui les protégeait : les Burgondes de la Gaule étaient déjà chrétiens.

Cet Octar dont nous venons de parler était frère de Moundzoukh, père d'Attila ; il avait deux autres frères, Oëbarse et Roua, chefs souverains comme lui, de sorte que cette famille, issue du sang royal, tenait sous sa main la majeure partie des hordes hunniques. Roua surtout était un chef capable et décidé. Par sa liaison avec le patrice romain Aëtius, qui avait été son otage, il était parvenu à mettre le pied dans les affaires intérieures de Rome d'une façon plus qu'incommode pour les empereurs. Roua, qui prenait de toutes mains, s'était fait donner par l'Auguste d'Orient, Théodose II, une subvention annuelle de trois cent cinquante livres d'or, qu'il qualifiait de *tribut*, mais à laquelle celui-ci donnait le nom plus honnête de *solde*, par la raison que Roua, ayant reçu un brevet de général romain, était officier de l'empereur, lequel était libre de lui affecter tel traitement ou telle gratification qu'il lui plairait, suivant son mérite : c'était par ces honteux sophismes que la cour de Byzance cherchait à se dissimuler sa lâcheté Quant aux généraux romains de la façon de Roua, sachant que leur principal mérite était de faire peur, ils usaient largement de ce moyen, qui aboutissait toujours à une augmentation de solde. Roua prétendait établir en principe, vis-à-vis de l'empire, que tout ce qui existait sur la rive septentrionale du Danube, terres et nations, appartenait aux Huns, comme le midi appartenait aux Romains ; que c'était là leur domaine, dans lequel nul autre peuple n'avait le droit de s'immiscer. Trois ou quatre peuplades ultra-danubiennes ayant fait un traité d'alliance offensive et défensive avec la cour de Byzance, Roua se plaignit vivement, et menaça de la guerre. Deux consulaires lui furent députés pour entrer en explication ; mais dans l'intervalle, en 434 ou 435, Roua mourut, laissant son trône aux mains de ses deux neveux, Attila et Bléda : ce furent les nouveaux rois qui reçurent l'ambassade romaine.

La conférence eut lieu dans une plaine à droite du Danube, à l'embouchure de la Morawa et tout près de la ville romaine de Margus : les Huns arrivèrent à cheval, et, comme ils ne voulurent point mettre pied à terre, il fallut que les ambassadeurs romains, sous peine de faillir à leur dignité, restassent également sur leurs chevaux. Ils entendirent là un langage qui ne laissa pas de les inquiéter un peu pour l'avenir. La rupture immédiate de l'alliance avec les tribus danubiennes, l'extradition de tous les Huns grands ou petits qui portaient les armes ou s'étaient réfugiés dans l'empire d'Orient, la réintégration des prisonniers romains évadés sans rançon ou le paiement de huit pièces d'or pour chacun d'eux, l'engagement formel de ne secourir aucun peuple barbare en hostilité avec les Huns, enfin l'augmentation du tribut qui, de trois cent cinquante livres d'or, serait porté à sept cents, — telles furent les clauses du traité proposé ou plutôt exigé par Attila. Aux objections des envoyés, à leurs moindres demandes d'explication, le roi hun n'avait qu'une réponse : « La guerre ! » Et comme les ambassadeurs savaient trop bien que leur maître était disposé à tout faire, la guerre exceptée, ils se crurent autorisés à tout promettre. On jura donc de part et d'autre, chacun prêtant serment à la manière de son pays. Ainsi fut conclu ce fameux traité de Margus que nous verrons si souvent invoqué par Attila, et qui lui servit d'arsenal pour battre l'empire romain par la politique, quand il ne l'attaquait pas par les armes. Pour preuve de leur fidélité religieuse à remplir les traités, les Romains se hâtèrent de livrer deux de leurs hôtes, jeunes princes du sang royal, fils de Mama et d'Attacam, personnages de distinction chez les Huns. Ils furent livrés sur le territoire romain, en vue de Carse, petite ville fortifiée de la Thrace danubienne, et Attila les fit crucifier aussitôt sous les yeux de ceux qui les lui amenaient : c'est ainsi qu'il inaugura son règne.

Attila était frère puîné de Bléda ; mais, quoiqu'ils régnassent en commun, le sceptre résidait de fait aux mains du plus jeune. Il avait alors de trente-cinq à quarante ans, ce qu'on peut induire de la remarque faite par les historiens, qu'en 451, époque de son expédition dans les Gaules, ses cheveux étaient déjà presque blancs. Cette supposition reporterait sa naissance aux dernières années du Ve siècle, vingt ou vingt-cinq ans après l'établissement des hordes hunniques en Europe. Le nom d'Attila ou *Athel* que portait le fils de Moundzoukh, et qui n'est autre que l'ancien nom du Volga, a fait penser avec quelque raison qu'il avait vu le jour sur les bords de ce fleuve, dans la demeure primitive des Huns ; en tout cas, il devint homme sur ceux du Danube : c'est là qu'il apprit la guerre, et que, mêlé de bonne heure aux événements du monde européen, il connut le jeune Aëtius, otage des Romains près de son oncle Roua. Probablement, et d'après ce qui se pratiquait par une sorte d'échange entre la barbarie et la civilisation, tandis qu'Aëtius faisait ses premières armes chez les Huns, Attila faisait les siennes chez les Romains, étudiant les vices de cette société comme le chasseur étudie les allures d'une proie : faiblesse de l'élément romain et force de l'élément barbare dans les armées, incapacité des empereurs, corruption des hommes d'état, absence de ressort moral dans les sujets, en un mot tout ce qu'il sut si bien exploiter plus tard, et qui servit de levier à son audace et à son génie. Aëtius et lui restèrent liés d'une sorte d'amitié qui se manifestait par de petits services et une réciprocité de petits cadeaux. Le Romain fournissait au Hun ses secrétaires latins et ses interprètes ; le Hun lui envoyait en retour quelque objet curieux, quelque monstre difforme ou risible : un jour il lui envoya un nain. Ces deux hommes s'appréciaient et se redoutaient secrètement comme deux rivaux que les chances de la fortune amèneraient un jour sur les champs de bataille en face l'un de l'autre, et qui seuls étaient dignes de se mesurer.

L'histoire nous a laissé un portrait d'Attila d'après lequel on peut se représenter assez exactement ce barbare fameux. Court de taille et large de poitrine, il avait la tête grosse, les yeux petits et enfoncés, la barbe rare, le nez épaté, le teint presque noir. Son cou jeté naturellement en arrière, et ses regards qu'il promenait autour de lui avec inquiétude ou curiosité, donnaient à sa démarche quelque chose de fier et d'impérieux. « C'était bien là, dit Jornandès que nous aimons à citer, parce qu'il nous reproduit naïvement les impressions restées chez les nations gothiques, c'était bien là un homme, marqué au coin de la destinée, un homme né pour épouvanter les peuples et ébranler la terre. » Si quelque chose venait à l'irriter, son visage se crispait, ses yeux lançaient des flammes ; les plus résolus n'osaient affronter les éclats de sa colère. Ses paroles et, ses actes mêmes étaient empreints d'une sorte d'emphase calculée pour l'effet ; il ne mena fait qu'en termes effrayants ; quand il renversait, c'était pour détruire plutôt que pour piller ; quand il tuait, c'était pour laisser des milliers de cadavres sans sépulture en spectacle aux vivants. À côté de cela, il se montrait doux pour ceux qui savaient se soumettre, exorable aux prières, généreux envers ses serviteurs, et juge intègre vis-à-vis de ses sujets. Ses vêtements étaient simples, mais d'une grande propreté ; sa nourriture se composait de viandes sans assaisonnements, qu'on lui servait dans des plats de bois ; en tout, sa tenue modeste et frugale contrastait avec le luxe qu'il aimait à voir déployer autour de lui. Avec l'irascibilité du Calmouk, il en avait les instincts brutaux ; il s'enivrait, il recherchait les femmes avec passion. Quoiqu'il eût déjà, suivant l'expression de Jornandès, « des épouses innombrables, » il en prenait chaque jour de nouvelles, « et ses enfants formaient presque un peuple. » On ne lui connaissait aucune croyance religieuse, il ne pratiquait aucun culte ; seulement des sorciers, attachés à sa personne comme les *chamans* à celle des empereurs mongols, consultaient l'avenir sous ses yeux dans les circonstances importantes.

Cet homme, dont la vie se passa dans les batailles, payait rarement de sa personne ; c'est par la tête qu'il était général. Asiatique dans tous ses instincts, il ne plaçait même la guerre qu'après la politique, donnant toujours le pas aux calculs de la ruse sur la violence, et les estimant davantage. Créer des prétextes, entamer des négociations à tout propos, les enchevêtrer les unes dans les autres comme les mailles d'un filet où l'adversaire finissait par se prendre, tenir perpétuellement son ennemi haletant sous la menace, et surtout savoir attendre, c'était là sa suprême habileté. Le prétexte le plus futile lui semblait bien souvent le meilleur, pourvu qu'on n'y pût pas satisfaire : il le quittait, le reprenait, le laissait dormir pendant des années entières, mais ne l'abandonnait jamais. C'était un curieux spectacle que ces ambassades sans nombre dont il fatigua plus tard la cour de Byzance, et qu'il confiait aux favoris qu'il voulait enrichir. Connaissant les allures de cette cour corrompue et corruptrice, qui croyait acheter par des présents la complaisance des négociateurs barbares, il y envoyait ses serviteurs faire fortune aux dépens de l'empire, sauf à compter ensuite avec eux. Il poussait l'impudence jusqu'à les recommander aux libéralités impériales, et sa recommandation était un ordre. Un de ses secrétaires ayant eu la fantaisie d'épouser une riche héritière romaine, il fallut que Théodose la lui trouvât, et, la jeune fille s'étant fait enlever pour échapper à cet odieux mariage, le gouvernement romain dut la remplacer par une autre aussi riche et plus résignée. Tel était l'homme aux mains duquel allaient tomber les destinées du monde.

Attila n'avait mis tant de hâte à garrotter, comme il l'avait fait, les Romains par le traité de Margus que pour se livrer, sans préoccupations extérieures, à des réformes intérieures qui devaient changer l'état de son royaume. L'idée assez vague de Roua sur les droits de la nation hunnique au nord du Danube était devenue, dans la tête du nouveau roi, un vaste système qui ne tendait pas à moins qu'à créer, au moyen des Huns réunis sous le même gouvernement et obéissant à la même volonté, un empire des nations barbares en opposition à l'empire romain, qu'à faire, en un mot, pour le nord de l'Europe ce que Rome avait fait pour le midi. Son premier soin fut d'établir sa suprématie en Occident parmi tous ces petits chefs, ses égaux, tâche difficile, mais à laquelle il réussit, son oncle Oëbarse ayant donné lui-même l'exemple de la soumission. En Orient, dans le rameau des Huns blancs et chez les hordes des Huns noirs qui n'avaient pas suivi Balamir, l'entreprise offrait encore plus d'obstacles ; mais elle réussit également, grâce à quelques circonstances favorables. Théodose, malgré ses obligations récentes, travaillait à s'attacher les Acatzires, nation hunnique qui, sous le nom de Khazars, vint désoler plus tard la vallée du Danube, et qui occupait pour lors la steppe du Don, où elle avait remplacé les

Alains. Les Acatzires formaient une petite république gouvernée par des chefs de tribus qui se reconnaissaient un supérieur dans le plus ancien d'entre eux. Soit ignorance, soit maladresse, les émissaires de Théodose, chargés de distribuer des présents à ces chefs, négligèrent de commencer par leur doyen, nommé Kouridakh, lequel se crut volontairement offensé. Il s'en vengea en avertissant Attila de ce qui se passait. Celui-ci accourut bien vite à la tête d'une grande armée, s'établit dans le pays, battit et tua la plupart des chefs, et, n'apercevant point Kouridakh, le fit inviter à venir, disant qu'il l'attendait pour partager les fruits de la victoire ; mais le vieil Acatzire, qui s'était retranché avec sa tribu dans un lieu à peu près inaccessible, se garda bien d'en sortir. « Je ne suis qu'un homme, répondit-il à l'envoyé d'Attila, et si mes faibles yeux ne peuvent regarder fixement un rayon de soleil, comment soutiendraient-ils l'éclat du plus grand des dieux ? » Attila vit à qui il avait affaire et laissa Kouridakh tranquille ; mais il fit du reste des tribus un royaume pour l'aîné de ses fils, nommé Ellac. De ce royaume, comme d'un centre d'opérations, il fit une série de guerres, presque toutes heureuses, contre les hordes hunniques de l'Asie. De là il passa chez les nations slaves et teutones, poursuivant ses conquêtes jusqu'aux rivages de la mer Baltique, et soumit tout le nord de l'Europe, excepté la

Scandinavie et l'angle occidental compris entre l'Océan, le Rhin et une ligne qui, partant du Rhin supérieur, suivrait à peu près le cours de l'Elbe. Cet empire égalait en étendue l'empire romain, s'il ne le dépassait pas.

Ces grandes choses ne s'accomplirent point sans qu'Attila se fît une multitude d'ennemis, surtout parmi les membres de la tribu royale, qu'on voyait se regimber en toute occasion. Il y en eut qui passèrent en Romanie pour solliciter l'appui de l'empereur ; mais la lâcheté de Théodose conspirait toujours avec la cruauté d'Attila : les malheureux furent rendus pour être suppliciés. Bléda se mêla-t-il à ces complots ? prit-il parti pour les chefs mécontents ? ou bien sa seule présence faisait-elle obstacle à l'ambition d'un frère qui ne voulait point reconnaître d'égal ? On ne le sait pas : l'histoire nous a caché les détails et le nœud d'une affreuse tragédie domestique dont elle ne nous montre que la catastrophe. Attila tua Bléda, « par fraude et embûches, » disent les historiens ; l'un d'eux ajoute qu'il préludait ainsi par un fratricide à l'assassinat du genre humain. Les mœurs des Huns étaient si violentes, que ce crime ne souleva pas l'indignation publique ; quelques tribus attachées particulièrement à Bléda, quelques amis qui voulurent soutenir sa mémoire, se montrèrent seuls et furent aisément comprimés. Vers le même temps, un incident propre à frapper les imaginations vint donner à l'autorité d'Attila et même à son crime une sorte de sanction surnaturelle. Il faut savoir, pour l'intelligence de ceci, que les anciens Scythes, habitants des plaines portiques, avaient pour idole une épée nue enfouie dans la terre, et dont la pointe seule dépassait le sol : divinité bien digne de ces solitudes livrées au droit du plus fort. Les races ayant succédé aux races, les dominations aux dominations sur le territoire de la Scythie, l'épée de Mars (c'est le nom que lui donnaient les Romains) resta oubliée pendant bien des siècles. Un bouvier hun, voyant boiter une de ses génisses, profondément blessée au pied, en rechercha la cause, et, guidé par la trace du sang, il découvrit un fer aigu en saillie parmi les hautes herbes. Creuser le sol à l'entour, retirer l'épée rongée de rouille et la porter au roi, ce fut le premier soin du bouvier. Le roi la reçut avec joie comme un présent du ciel, un signe de la souveraineté qui lui était donnée fatalement sur tous les peuples du monde : au moins chercha-t-il à répandre cette opinion, s'il ne la partageait pas lui-même. De ce moment, il agit et parla en maître et empereur de toute la Barbarie.

Ce premier pas fait ou presque fait, Attila avait ramené ses regards sur la Romanie, qu'il laissait en repos depuis six ou sept ans. La façon dont il fit sa rentrée, en 441, dans les affaires de l'empire, mérite une mention particulière, parce qu'elle peint bien son caractère et sa politique. Il devait y avoir dans un des châteaux de la frontière un de ces marchés mixtes où les Barbares étaient admis ; les Huns s'y rendirent en grand nombre et armés secrètement. Au milieu de la foire, ils tirèrent leurs armes, se jetèrent sur la foule, pillèrent les marchandises, et se rendirent maîtres de la place. Aux demandes d'explication qui vinrent de Constantinople, Attila répondit que ce n'était là qu'une revanche, attendu que l'évêque de Margus, s'étant introduit clandestinement dans la sépulture des rois huns, en avait pillé les trésors. Bien qu'au fond l'évêque de Margus fût assez peu digne d'intérêt, le fait qu'on lui imputait semblait trop invraisemblable, et l'accusé le niait avec trop d'assurance, pour que le gouvernement romain ne soutînt pas sa dénégation. Pendant ces dits et contredits, Attila parcourait la rive du fleuve, saccageant les villes ouvertes et rasant les châteaux ; il prit ainsi Viminacium, grande cité de la haute Mésie. Les provinciaux écrivaient lettre sur lettre à l'empereur pour qu'il mît un terme à ces calamités : « Si l'évêque est coupable, disaient-ils, il faut le livrer ; s'il est innocent, il faut nous défendre. » L'évêque, craignant qu'on ne le sacrifiât par lâcheté, passa dans le camp des Huns, auxquels il promit de livrer sa ville épiscopale, s'ils lui garantissaient la vie sauve. On lui donne aussitôt des troupes qu'il place en embuscade, et, la nuit suivante, Margus tombait au pouvoir d'Attila. Ce premier prétexte épuisé, le roi barbare en trouvait chaque jour un nouveau ; tantôt les échéances de son tribut étaient en retard, tantôt le gouvernement romain ne renvoyait pas fidèlement ses transfuges, et, à l'appui de chaque réclamation, Attila mettait en feu quelque canton de la Mésie. Ratiaria, ville grande et peuplée, fut prise d'assaut, Singidon fut ruinée ; puis les Huns traversèrent la Save, et prirent Sirmium, ancienne capitale de la Pannonie ; après quoi, revenant vers la Thrace, ils pénétrèrent dans les terres jusqu'à Naisse, à cinq journées du Danube. Cette ville, patrie de Constantin, fut entièrement détruite ; Sardique fut pillée et réduite en cendres.

Un répit de quelques années, laissé aux Romains par suite des embarras domestiques d'Attila, ne fut pour les Huns qu'un temps de repos ; ils reprenaient leurs ravages en 446. Soixante-dix villes dévastées, la Thessalie traversée jusqu'aux Thermopyles, deux armées romaines détruites coup sur coup, signalèrent les campagnes de cette année et de la suivante. Théodose, fatigué de sa propre résistance, proposa la paix, qui fut conclue à la condition qu'Attila recevrait immédiatement six mille livres pesant d'or comme indemnité de ses frais de guerre, qu'il lui serait payé désormais deux mille livres en tribut annuel, et que le territoire romain serait fermé pour toujours à tous les Huns sans exception.

Venait maintenant une question bien difficile, celle du paiement des sommes promises, car le trésor impérial était à sec : Théodose ne le savait que trop, et Attila non plus ne l'ignorait pas. Bien informé des affaires intérieures de l'empire, il connaissait la misère des provinces, à laquelle il avait d'ailleurs tant contribué, les folles prodigalités d'un prince qui ne réfléchissait jamais, et la rapacité de ses ministres. Il envoya donc à Constantinople un ambassadeur spécial, chargé de hâter la levée de l'impôt au moyen duquel on devait le payer et d'en assurer la remise entre ses mains, et fit choix, pour cette mission, d'un officier nommé Scotta, frère de son principal ministre. Ce fut pour Théodose une humiliation sans pareille que la présence de ce garnisaire barbare, qui semblait menacer d'exproprier l'empereur, si l'on ne pressurait pas ses sujets. L'impôt d'Attila ne souffrant ni retard ni non-valeur, la cour de Byzance recourut au procédé de recouvrement le plus commode et le plus prompt, en le faisant peser uniquement sur les riches, et, en premier lieu, sur les sénateurs ; mais beaucoup de riches se trouvaient ruinés par suite du malheur des temps, et, comme les agens du fisc déployaient une rigueur excessive, le désespoir s'empara des hautes classes de la société : les femmes vendaient leurs parures, les pères le mobilier de leurs maisons ; on en vit qui, à bout de ressources, se pendirent ou se laissèrent mourir de faim. L'excès de la douleur et de la honte aurait pu réveiller l'énergie de ce gouvernement, il ne fit que l'abattre tout-à-fait. Attila, par sa puissance, par son génie, par son esprit diabolique, exerçait sur Théodose une fascination qui le paralysait en face du danger. Il ne savait que maudire le barbare, souhaiter sa ruine, sans oser un dernier effort pour la préparer. Il aimait mieux s'étourdir dans les occupations futiles ou ridicules qui remplissaient sa vie. Quelle résolution virile pouvait-on demander à cette cour, où le porte-épée impérial était un eunuque ? On ne savait y concevoir que des ruses de femme et y pratiquer que des trahisons : il en devait arriver mal à Théodose et à l'empire romain.

# Chapitre II

# ATTILA ET LE MONDE ROMAIN.

## I. – CONSPIRATION DE THEODOSE CONTRE ATTILA. – AMBASSADE DES ROMAINS EN HUNNIE.

Fils d'Arcadius et héritier du plus grand nom de l'empire, Théodose II était un de ces souverains dénués de vertus et de vices qui perdent les peuples plus sûrement que ne feraient des tyrans, parce qu'ils leur communiquent la mollesse de leur âme et leur indifférence pour le bien. À l'âge de cinquante ans, et aux rides près, on le trouvait encore ce qu'on l'avait vu à quinze ans, c'est-à-dire un jeune homme rangé, suivant régulièrement quelques études, assidu aux pratiques de dévotion, évitant les scandales de mœurs : du reste, adroit à l'escrime, excellent archer, meilleur cavalier, passionné pour la chasse et pour les rivalités bruyantes de l'hippodrome, se piquant de bien divertir ses sujets par des magnificences qui les ruinaient, et plaçant la grandeur du prince dans l'énormité de ses profusions. Une entreprise utile qui s'exécuta sous son règne, la codification des lois promulguées par les empereurs chrétiens, a recommandé sa mémoire à la postérité ; mais les contemporains, qui le voyaient de près, ne lui accordèrent pas d'autre surnom que celui de *calligraphe*, qu'il méritait d'ailleurs par la beauté de son écriture, faite pour désespérer les plus habiles copistes de profession.

Ce vieil enfant n'avait que faire de sa liberté : il l'aliéna donc toujours avec plaisir, ne cherchant qu'à vivre heureusement sous une tutelle volontaire. Quand il ne régnait pas en compagnie de sa sœur aînée Pulchérie, son plus sage et plus affectionné conseiller, quand il ne subissait pas le joug parfois un peu rude de sa femme, la pédante Athénaïs, qui, de l'école du philosophe son père, avait apporté sur le trône l'orgueil et les déportements d'une Agrippine, il obéissait à ses eunuques, et en premier ordre au grand eunuque son chambellan. Ce grand eunuque, il est vrai, changeait souvent, quoique son autorité fût toujours la même ; les révolutions du palais de Byzance se succédaient presque sans interruption, et l'histoire a daigné enregistrer toutes ces dynasties d'eunuques, si un tel mot p put s'appliquer à de telles gens : elle compte jusqu'à quinze chambellans, premiers ministres de Théodose, qui se supplantèrent et pour plusieurs même s'étranglèrent l'un l'autre dans l'espace de vingt-cinq ans. En 443 enfin, le sceptre tomba entre les mains de Chrysaphius, qui sut le retenir avec résolution, n'épargnant, pour écraser ses rivaux et captiver son maître, ni les pillages publics, qui enrichissaient le fisc impérial, ni les violences, ni les perfidies. Tout ce qu'on peut imaginer de bassesse et de corruption régna sept ans avec lui et domina un prince dont le cœur n'était pourtant point fermé à tout sentiment d'honneur. Théodose de sa nature étant peu belliqueux, on tâchait de désarmer l'ennemi à force d'or, et on faisait disparaître, comme des ambitieux turbulents, les généraux utiles à l'empire, mais qui blâmaient ces lâchetés. Un pareil gouvernement légitimait tous les mépris qu'on pouvait verser sur lui ; aussi Attila ne lui en épargnait aucun, tandis qu'au contraire il ménageait dans l'empire d'Occident l'administration et la personne d'Aëtius.

Dans les premiers mois de l'année 449, arrivèrent à Constantinople, avec le titre d'ambassadeurs des Huns, deux personnages importants Édécon, Hun de naissance ou Scythe, comme s'exprimaient les Grecs par archaïsme, et un Pannonien nommé Oreste, — le premier officier supérieur dans les gardes d'Attila, le second son principal secrétaire. C'était ce même Oreste qui vint, quelques années plus tard, clore, par le nom de son fils Romulus *Augustule*, la liste des empereurs d'Occident ouverte par le grand César et par Auguste, circonstance qui lui mériterait à elle seule une mention particulière dans ce récit. Né aux environs de Petavium, aujourd'hui Pettau sur la Drave, de parents honnêtes et aisés, il avait fait, jeune encore, un brillant mariage, en devenant le gendre du comte Romulus, personnage considérable de sa province, honoré de plusieurs missions par le gouvernement d'Occident ; mais une position si sortable ne le satisfit point. Oreste appartenait à cette classe de gens, fort nombreux alors, qu'une ambition impatiente et le goût fiévreux des aventures poussaient du côté des Barbares, et qui avaient dans le cœur juste assez de loyauté pour trahir fidèlement leur patrie au compte du Barbare qui les payait. Pendant que les Huns occupaient temporairement la Pannonie, il s'était glissé près d'Attila, et celui-ci, flatté d'avoir un agent romain de sa qualité, se l'était attaché comme secrétaire. Le Pannonien mit donc son intelligence et son dévouement au service de l'ennemi le plus redoutable de ses compatriotes et de sa famille. Parmi les Barbares, qui savaient se battre, mais ne savaient que cela, l'intelligence assurait une place importante au Romain, de même qu'au Barbare le courage et la force du bras parmi les Romains, qui ne le savaient plus. Si le poste de secrétaire d'Attila avait ses dangers, il avait aussi ses profits ; en tout cas, il était fort envié, et Oreste dut rencontrer, en cette occasion, la concurrence d'une foule d'aventuriers qui ne le valaient pas.

Le roi des Huns avait pour système d'adjoindre, dans les missions de quelque intérêt, à des Huns nobles et revêtus de hauts emplois quelqu'un de ces serviteurs d'origine romaine qui, bien au fait des hommes et des choses du gouvernement romain, luttaient d'adresse avec les agents impériaux, et l'avantage d'un meilleur service politique n'était pas le seul qu'en retirait Attila. Comme ces deux classes, les Huns de naissance et les aventuriers devenus Huns, se jalousaient mortellement, il s'était établi entre elles, par suite de leur rivalité, un espionnage permanent dont le maître savait habilement profiter. C'était le cas entre Oreste et Édécon : celui-ci, brutal et hautain, regardant son collègue comme un valet, celui-là s'en vengeant, soit par l'étalage de son importance réelle, soit par la frayeur que son crédit inspirait. Ils apportaient à Constantinople de nouvelles propositions, ou, pour mieux dire, des réquisitions de leur roi qui dépassaient en insolence tout ce que la cour impériale avait eu jusqu'alors à dévorer. D'abord Attila, s'adjugeant sur la rive droite du Danube, comme sa conquête incontestable, le pays qu'il avait ravagé les années précédentes en Mésie et en Thrace (il fixait la largeur de cette zone à cinq journées de marche à partir du fleuve), demandait que la frontière des deux empires fût fixée amiablement à Naïsse, et qu'en conséquence les marchés mixtes qui se tenaient sur le Danube fussent reculés jusqu'à cette ville. Il exigeait ensuite qu'on ne lui envoyât en qualité d'ambassadeurs que les plus illustres d'entre les consulaires, et non plus, comme on se permettait de le faire, les premiers venus ; autrement, disait-il, il ne les recevrait pas ; que si, au contraire, l'empereur reconnaissait la convenance de sa réclamation, il irait au-devant d'eux jusqu'à Sardique. Enfin il renouvelait sa plainte éternelle sur les transfuges, déclarant que, si leur extradition tardait encore, ou si les sujets romains se permettaient de cultiver les terres situées au midi du Danube, dans la zone dévolue aux Huns, il allait recommencer la guerre. Tel était le contenu de la lettre apportée par les envoyés d'Attila, et que ceux-ci remirent à Théodose, en audience solennelle, au palais impérial, après quoi ils voulurent rendre visite, suivant l'usage, au premier ministre Chrysaphius. Un Romain nommé Vigilas, qui avait servi de truchement entre eux et l'empereur, et qui les connaissait déjà pour être allé l'année précédente chez les Huns, comme attaché d'ambassade, s'offrit à les guider jusque-là, et ils partirent de compagnie.

Pour se rendre de la salle des audiences du prince à la demeure de l'eunuque, porte-épée et premier ministre, on avait à parcourir tout l'intérieur des appartements, ces galeries étincelantes de porphyre et d'or, ces portiques de marbre blanc, et ces palais divers renfermés dans un seul palais, qui faisaient de la ville de Constantin le lieu le plus magnifique de la terre. À chaque pas,

Édécon s'extasiait ; à chaque nouvel objet, il s'écriait que les Romains étaient bien heureux de vivre au milieu de si belles choses et de posséder tant de richesses. Vigilas, dans la conversation, ne manqua pas de raconter à Chrysaphius l'étonnement naïf du Barbare et ses exclamations réitérées sur le bonheur des Romains, et, tandis qu'il parlait, une idée infernale vint traverser l'esprit du vieil eunuque. Prenant à part Édécon, Chrysaphius lui dit qu'il pourrait habiter, lui aussi, des palais dorés, et mener cette vie heureuse qu'il enviait aux Romains, si, laissant là son pays sauvage, il se transportait parmi eux. « Mais, répliqua Édécon avec vivacité, le serviteur d'un maître ne peut le quitter sans son consentement ? ce serait un crime. » L'eunuque, brisant là-dessus, lui demanda quel rang il occupait chez les Huns et s'il approchait librement son maître Édécon répondit qu'il l'approchait en toute liberté, qu'il était même un de ceux qui le gardaient, attendu que chacun des principaux capitaines veillait la nuit, à tour de rôle, auprès de la demeure du roi. — Eh bien ! s'écria l'eunuque enchanté de sa découverte, si vous me promettez d'être discret, je vous indiquerai un moyen d'acquérir sans peine les plus grandes richesses ; mais c'est une affaire qui demande à être traitée à loisir. Venez donc souper avec moi ce soir, mais seul, sans Oreste et vos autres compagnons d'ambassade.

Le Barbare fut exact au rendez-vous, où l'interprète se trouvait déjà. — Je ne veux que votre bien, lui dit Chrysaphius en reprenant la conversation du matin ; mais, que vous l'acceptiez ou non, jurez-moi que vous ne révélerez à personne au monde ce qui va se passer entre nous ; je m'y engage pour mon propre compte. — Ils joignirent leurs mains droites, et jurèrent en présence de Vigilas. Entrant alors en matière sans circonlocution, l'eunuque expliqua qu'il s'agissait de tuer Attila. — Si vous parvenez à vous défaire de lui, disait-il, et à gagner la frontière romaine, comptez sur une reconnaissance sans bornes de la part de Théodose ; vous serez comblé de plus d'honneurs et de richesses que vous n'en pourriez imaginer. — Si étrange que fût la confidence, elle ne parut point surprendre Édécon, et, après un moment de silence, le Hun répondit qu'il ferait ce qu'on voudrait. — Mais, ajouta-t-il, il me faut de l'argent pour préparer les voies et gagner mes soldats, non pas à la vérité une grande somme, car cinquante livres pesant d'or me suffiront largement. — Chrysaphius voulait les lui compter sans désemparer ; mais Édécon l'arrêta. — Je ne puis, lui dit-il, me charger de cet argent. Attila, sitôt notre retour, nous fera raconter, suivant son habitude, et dans le plus petit détail, ce que chacun de nous aura reçu des Romains, tant en argent qu'en présents or cinquante livres d'or font une somme trop forte pour que je puisse la dérober facilement à l'œil curieux de mes compagnons ; le roi m'en saura porteur et me suspectera. Ce qui vaut mieux, c'est que Vigilas m'accompagne en Hunnie sous le prétexte de ramener les transfuges ; nous nous concerterons là-bas, et, quand le moment d'agir sera venu, il vous indiquera le moyen de me faire passer la somme convenue. — Chrysaphius applaudit au bon sens du Barbare, et courut, après souper, tout raconter à l'empereur, qui approuva son ministre ; le maître des offices Martial, appelé à leur conciliabule, ne trouva, pour sa part, aucune objection : il ne restait plus que les mesures d'exécution à prendre, puisque l'idée leur paraissait à tous trois si naturelle ; ils passèrent la nuit à les combiner.

Ils convinrent d'abord que, pour mieux masquer le complot, on n'enverrait pas Vigilas avec une mission en titre, mais comme simple interprète en l'attachant à une ambassade sérieuse en apparence. Ce premier point posé, ils reconnurent que l'ambassade qui aurait pour prétexte la réponse de l'empereur aux prétentions du roi des Hues devait être confiée à un homme non-seulement placé très-haut dans la hiérarchie des fonctions administratives, mais placé encore plus haut dans l'estime publique, à un honnête homme en un mot. « Si le coup réussit, disaient fort sensément les ministres de Théodose, l'empereur ne manquera pas de renier les assassins, et la bonne réputation de son ambassadeur éloignera de lui jusqu'à l'ombre du soupçon ; si le coup échoue, ce sera la même chose ; la probité du représentant garantira l'innocence du prince aux yeux du monde et à ceux d'Attila lui-même. » Le calcul était habile, on en conviendra. La liste des honnêtes gens au service de la cour de Byzance ayant été consultée, le choix s'arrêta sur Maximin, personnage estimé pour sa droiture, et qui en avait donné plus d'une preuve dans des missions politiques. Il avait d'ailleurs parcouru toute l'échelle des hautes fonctions, moins le consulat. On ne se demanda pas ce que deviendrait, en cas de révélation ou de non succès, cet homme dont l'honnêteté devait servir de couverture au crime l'eunuque Chrysaphius avait bien d'autres soucis.

Au demeurant, l'occasion parut favorable pour se montrer fier et Romain vis-à-vis d'un ennemi que l'on ne craindrait bientôt plus. On écrivit, en réponse à la lettre d'Attila, qu'il eût à s'abstenir de tout envahissement du territoire romain au mépris des traités, et que l'empereur lui renvoyait dix-sept transfuges, les seuls qu'on eût pu découvrir dans toute l'étendue de l'empire d'Orient. C'était là la réponse écrite ; mais l'ambassadeur devait y joindre des explications verbales concernant les autres chefs de la mission d'Édécon. Il devait dire que l'empereur ne reconnaissait point à Attila le droit d'exiger des ambassadeurs consulaires, attendu que ses ancêtres ou prédécesseurs, les rois de la Scythie, s'étaient toujours contentés d'un simple envoyé, souvent même d'un messager ou d'un soldat, que sa proposition d'aller recevoir les légats romains dans les murs de Sardique n'était qu'une raillerie intolérable ; Sardique existait-elle encore ? y restait-il pierre sur pierre ? et n'était-ce pas Attila qui l'avait ruinée ? Enfin l'empereur affectait une grande froideur pour Édécon, et avertissait le roi des Huns que, s'il avait vraiment à cœur de terminer leurs différends, il devait lui envoyer Onégèse, dont Théodose acceptait d'avance l'arbitrage. Or, Onégèse était le premier ministre d'Attila. Édécon eut connaissance de ces instructions, ou du moins d'une partie de leur contenu ; Chrysaphius lui ménagea même une entrevue secrète avec l'empereur. Ainsi donc cette ambassade avait deux missions distinctes complètement étrangères l'une à l'autre, quant aux hommes et quant aux choses l'une, patente, avouée, capable d'honorer le gouvernement romain par sa fermeté ; l'autre secrète et infâme : l'ambassadeur, sans le savoir, partait flanqué d'un assassin. Maximin, craignant l'ennui d'une longue route ou sentant le besoin d'un bon conseiller, se fit adjoindre comme collègue l'historien grec Priscus, dont l'amitié lui était chère, et nous devons à cette circonstance une des relations de voyage les plus intéressantes en même temps qu'une des pages les plus instructives de l'histoire du Ve siècle.

Édécon et Maximin quittèrent en même temps Constantinople ; les deux ambassades, marchant de conserve, devaient se guider et s'assister mutuellement : les Romains sur les terres de l'empire, les Huns au-delà du Danube. Maximin faisait les honneurs du convoi en homme de cour consommé ; il avait des présents pour ses hôtes barbares, et de temps en temps il les invitât à dîner avec leur suite. Les dîners se composaient de bœufs ou de moutons fournis par les habitants, abattus, dépecés, accommodés par les serviteurs de l'ambassade. À Sardique, où les voyageurs séjournèrent, Maximin put se convaincre que la réponse de la chancellerie impériale au sujet de cette ville ne disait rien de trop, car il n'y put trouver un toit pour s'abriter ; il planta ses tentes au milieu des ruines, comme s'il eût été au désert. Pendant le dîner, la conversation, animée par le vin, tomba sur le gouvernement des Huns comparé à celui des Romains ; chacun vantait à qui mieux mieux l'excellence de son souverain, les Huns parlant avec exaltation d'Attila, les Romains soutenant Théodose, quand Vigilas fit aigrement remarquer qu'il n'y avait pas justice à comparer un homme avec un dieu : le dieu, dans sa pensée, c'était Théodose. Ce propos impertinent souleva une vraie tempête : les Huns criaient, se démenaient, paraissaient hors d'eux-mêmes, et Maximin eut besoin de toute son habileté, aidée de toute celle de Priscus, pour ramener le calme en détournant la conversation. Dans le désir de sceller une paix complète, l'ambassadeur, après dîner, emmena avec lui sous sa tente ses deux hôtes principaux, et fit don à chacun d'un beau vêtement de soie brochée, garni de perles de l'Inde. Oreste était ravi ; tout en contemplant son lot, il semblait épier du regard la sortie d'Édécon, et, sitôt qu'il le vit parti, il dit à Maximin : « Je vous reconnais pour un homme juste et sage, plus sage que certains autres ministres de l'empereur qui ont méprisé Oreste en invitant Édécon seul à souper, et n'ayant de cadeaux que pour lui. » Ce que voulait dire le secrétaire d'Attila, Maximin l'ignorait, car il n'était au courant d'aucune des circonstances qui avaient précédé sa nomination, et, comme il s'enquérait où et comment l'un avait été honoré et l'autre dédaigné, Oreste n'ajouta pas un mot et sortit. Le lendemain, pendant la route, l'ambassadeur fit approcher Vigilas, et lui demanda l'explication des paroles qu'il avait entendues la veille : celui-ci, éludant la question, répondit qu'Oreste, qui après tout n'était qu'un scribe et un valet, montrait une susceptibilité ridicule vis-à-vis d'un guerrier illustre, d'un noble Hun tel qu'Édécon ; puis, poussant son cheval vers ce dernier, il l'interpella en langue hunnique, et causa, longtemps avec lui. Édécon paraissait troublé et parlait avec animation. Vigilas rapporta de ce colloque ce qu'il voulut ; il dit à Maximin que les prétentions insolentes du secrétaire d'Attila avaient mis le noble Hun en un tel courroux, que lui, Vigilas, avait eu grand'peine à le contenir.

Il ne se passa rien de remarquable jusqu'à l'arrivée des voyageurs à Naïsse. Ce berceau du grand Constantin était, comme Sardique, un lamentable amas de décombres, où quelques malades qui n'avaient pu fuir, et qu'assistait la charité des paysans voisins, vivaient seuls dans une chapelle encore debout. Au-delà de Naisse, vers le nord-ouest et entre cette ville et le Danube, la petite troupe eut à parcourir une plaine toute parsemée d'ossements humains blanchis au soleil et à la pluie, reste des massacres et des batailles qui avaient dépeuplé ce malheureux pays. À travers ces ruines et ce vaste cimetière, elle atteignit la rive droite du Danube, où elle trouva des bateliers huns en station avec leurs barques, faites d'un seul tronc d'arbre creusé. La rive barbare était encombrée de ces barques empilées les unes sur les autres, et qui semblaient être là pour le passage d'une armée ; en effet, les Romains apprirent qu'Attila campait dans le voisinage, et se disposait à ouvrir une grande chasse sur les terres au midi du Danube, dans ces provinces de l'empire qu'il réclamait comme sa conquête.

Chez les Huns, comme plus tard chez les Mongols, la grande chasse était une institution politique qui avait pour but de tenir les troupes toujours en haleine : destinée à remplacer la guerre pendant les repos forcés, elle en était comme le portrait vivant. Tchinghiz-Khan, dans le livre de ses ordonnances, l'appelle *l'école du guerrier* ; un bon chasseur, à ses yeux, valait un bon soldat : il en devait être ainsi chez les Huns. Suivant les usages orientaux, le jour de la chasse, annoncé longtemps à l'avance avec la solennité d'une entrée en campagne, était précédé d'ordres et d'instructions que chacun devait suivre exactement. Un corps d'armée tout entier, le roi au centre, les généraux aux ailes, exécutait ces immenses battues où l'on traquait tous les animaux d'une contrée. L'adresse de la main, la sûreté de la vue, la finesse de l'odorat et de l'ouïe, la présence d'esprit, la décision, en un mot toutes les qualités du guerrier s'y déployaient comme sur un champ de bataille véritable, et en effet la guerre à la manière des nomades de l'Asie n'était pas autre chose qu'une chasse aux hommes. Les Huns observaient soigneusement ces pratiques apportées de l'Oural, qui maintenaient leur vigueur tout en les rappelant aux traditions de leur vie primitive et au souvenir de leur berceau. Attila s'en servait au besoin pour masquer des campagnes plus sérieuses : en ce moment, il venait de proclamer une chasse ; mais ce qu'il méditait réellement, c'était une expédition militaire dans les villes de la Pannonie.

De l'autre côté du Danube, on entrait sur les terres des Huns, et, à la grande contrariété de Maximin, presque aussitôt les ambassades se séparèrent. Édécon, sur qui les Romains comptaient pour leur servir de guide dans le pays et d'introducteur près d'Attila, les quitta brusquement, afin de rejoindre, disait-il, l'armée et le roi par un chemin de traverse beaucoup plus court que la route battue qu'ils suivaient. Réduits aux guides qu'il leur laissa, les Romains continuaient de marcher depuis plusieurs jours, lorsqu'un soir, à la tombée de la nuit, le galop de plusieurs chevaux frappa leurs oreilles, et des cavaliers huns, mettant pied à terre, leur annoncèrent qu'Attila les attendait à son camp, dont ils étaient très voisins. Le lendemain en effet, du sommet d'une colline assez escarpée, ils aperçurent les tentes des Barbares qui se déployaient en nombre immense à leurs pieds, et parmi elles un pavillon qu'à sa position et à sa forme ils supposèrent être celui du roi. Le lieu paraissait bon pour camper ; Maximin y fit déposer les bagages, et déjà l'on plantait les crampons et les pieux pour asseoir les tentes, quand une troupe de Barbares accourut d'en bas à bride abattue et la lance au poing. « Que faites-vous ? criaient-ils d'un ton menaçant ; oseriez-vous bien placer vos tentes sur la hauteur, quand celle d'Attila est dans la plaine ? » Les Romains replièrent bien vite leurs pavillons, rebâtèrent leurs mulets et allèrent camper où ces hommes les menèrent. Ils achevaient leur installation quand survint une visite qui ne laissa pas de les étonner beaucoup : c'étaient Édécon, Oreste, Scotta et d'autres personnages notables qui leur demandèrent ce qu'ils voulaient et quel était l'objet de leur ambassade. L'indiscrétion ou le ridicule de cette question adressée à des ambassadeurs frappa tellement les Romains qu'ils en restèrent tout ébahis, et ils se regardaient l'un l'autre comme pour se consulter, quand les Huns la renouvelèrent avec insistance : « Répondez-nous, » dirent-ils à l'ambassadeur. La réponse de celui-ci fut qu'il ne devait d'explications qu'au roi, et qu'il en donnerait au roi seulement. Là-dessus Scotta parut blessé : « Il n'était point venu de son plein gré, répétait-il avec colère, et ne faisait que remplir les ordres de son maître. » Maximin protesta que, la demande vînt-elle d'Attila lui-même, il n'accepterait jamais la loi qu'on prétendait lui faire. « Un ambassadeur, dit-il avec fermeté, ne doit compte de sa mission qu'à celui près duquel son souverain l'envoie ; tel est le droit des nations, et les Huns le savent bien, eux qui ont adressé tant d'ambassades aux Romains.

Les visiteurs disparurent, mais pour revenir au bout de quelques moments, tous, sauf Édécon. Répétant alors mot pour mot à Maximin le contenu de ses instructions, ils ajoutèrent que, s'il n'apportait rien de plus, il n'avait qu'à repartir sur-le-champ. Ce fut, pour Maximin et Priscus, une énigme de plus en plus obscure ; ils en croyaient à peine leurs oreilles, et, ne pouvant comprendre comment les intérêts confiés à la conscience d'un ambassadeur, les secrets inviolables de l'empire se trouvaient ainsi divulgués à ses ennemis, ils restaient muets comme des hommes qu'un coup violent vient d'étourdir. Sortant enfin de cet état de stupeur, Maximin s'écria : « Eh bien ! que ce soient là nos instructions ou que nous en ayons d'autres, votre maître seul le connaîtra. — Partez donc, » répliquèrent-ils. Les Romains se préparèrent à partir. Vigilas, pendant qu'on faisait les bagages, avait peine à contenir sa mauvaise humeur ; il maudissait les Huns et blâmait la conduite de l'ambassadeur. « N'eût-il pas mieux valu mentir, répétait-il, que de s'en retourner honteusement sans avoir rien fait ? Je répondrais d'Attila, si je pouvais le voir un seul instant, car j'ai vécu en assez grande familiarité avec lui pendant l'ambassade d'Anatolius ; d'ailleurs Édécon me veut du bien. » Et il revenait toujours à sa proposition d'annoncer encore d'autres instructions, afin d'obtenir audience du roi. Préoccupé de sa propre affaire et de sa fortune qu'un départ précipité faisait évanouir, il s'inquiétait aussi peu de compromettre le caractère d'un ambassadeur par des mensonges que sa vie par un attentat. L'interprète s'aveuglait lui-même ; il ne s'apercevait pas qu'il était trahi. Soit que jamais Édécon n'eût conspiré sérieusement contre la vie de son maître, soit qu'il l'eût fait séduit par les promesses de Chrysaphius, mais que les paroles mystérieuses d'Oreste à la suite du repas de Sardique lui eussent donné à réfléchir, il avait compris qu'un œil vigilant avait épié toutes ses démarches, que tout était connu, et son souper chez l'eunuque, et ses conférences secrètes avec l'empereur, et les présents qu'il avait reçus. En homme habile, il s'était hâté de prendre les devants, et, précédant les envoyés romains auprès de son maître, il lui avait tout révélé : propositions, entrevues, somme promise, moyen imaginé pour la faire tenir en main sûre, complicité de Vigilas et innocence de Maximin, tout, en un mot, jusqu'aux divers points traités dans les instructions de l'ambassadeur. Ce fut une bonne fortune que le ciel envoyait au fils de Moundzoukh pour prendre Théodose en flagrant délit d'infamie, le couvrir d'opprobre et justifier à la face du monde tout ce qu'il lui plairait de lui infliger ; mais cette occasion précieuse, il se garda bien de la risquer par un éclat prématuré. Il n'avait pour accuser que le témoignage d'Édécon, il en voulait d'autres que nul ne pût nier : il voulait des indices clairs, manifestes, et jusqu'à un commencement d'exécution, et, dans son calcul, c'étaient les Romains qui devaient lui fournir eux-mêmes ces preuves dont il se proposait de les accabler. Comprimant donc son ressentiment et décidé à attendre jusqu'au bout sans impatience, il se mit à jouer avec cette lâche cour de Constantinople, comme le tigre joue avec l'ennemi qu'il tient sous sa griffe, avant de lui donner le dernier coup.

Les mulets étaient déjà chargés, et les Romains se mettaient en route à la nuit tombante, quand un contre-ordre les retint : Attila n'exigeait pas, leur dit-on, que des étrangers s'exposassent pendant les ténèbres dans un pays inconnu. En même temps arrivèrent un bœuf que des Huns chassaient devant eux et des poissons qu'ils apportaient de la part du roi ; c'était le souper de l'ambassade. « Nous y fîmes honneur, dit Priscus, et dormîmes profondément jusqu'au lendemain : » en effet, le bienheureux contre-ordre leur avait remis la joie au cœur. Dès que le jour parut, Priscus, en homme avisé, se munit d'un interprète autre que Vigilas (il se trouvait parmi les suivants volontaires de l'ambassade, un certain Rusticius, qui parlait couramment le hun et le goth), et il alla trouver Scotta, qui se fit fort de leur procurer une audience d'Attila moyennant quelques présents, car toutes ces tergiversations n'avaient pas d'autre but.

Une heure à peine s'écoula, et Scotta, fier de prouver son crédit, revenait, de toute la vitesse de son cheval, annoncer à Priscus sa réussite ; les Romains partirent avec lui. Les abords de la tente royale, lorsqu'ils s'y présentèrent, étaient obstrués par une multitude de gardes qui formaient alentour une haie circulaire ; les ambassadeurs parvinrent à la percer, grâce à la présence de Scotta, et trouvèrent, au milieu de la tente, Attila qui les attendait, assis sur un siège de bois.

Priscus, Vigilas et les esclaves porteurs de présents s'étant arrêtés par respect près du seuil de la porte, Maximin s'avança, salua le roi, et, lui remettant dans les mains la lettre de Théodose, il lui dit « L'empereur souhaite à Attila et aux siens santé et longue vie. — Qu'il arrive aux Romains tout ce qu'ils me souhaitent ! » répondit celui-ci brièvement, et, se tournant vers Vigilas avec les signes d'une colère concentrée : « Bête immonde ! lui dit-il, qui t'a porté à venir vers moi, toi qui as connu mes conventions avec Anatolius au sujet de la paix ? Tu savais bien que les Romains ne devaient point m'envoyer d'ambassadeur tant qu'il resterait chez eux un seul transfuge de ma nation. » Vigilas ayant répliqué que cette condition était fidèlement remplie, puisqu'on lui ramenait dix-sept déserteurs, les seuls qu'on eût pu trouver dans tout l'empire d'Orient, ce ton d'assurance parut mettre Attila hors de lui. « Ah ! lui cria-t-il d'une voix emportée, je te ferais mettre en croix à l'instant même, et te donnerais en pâture aux vautours pour prix de tes paroles impudentes, si je ne respectais le droit des ambassadeurs ; » puis, sur un signe qu'il fit, un secrétaire déploya une longue pancarte, qu'il se mit en devoir de lire. C'était la liste nominative des transfuges qui étaient censés résider encore sur le territoire romain. La lecture terminée, Attila déclara qu'il voulait que Vigilas partît sur-le-champ avec Esla, un de ses officiers, pour signifier de sa part à Théodose d'avoir à lui restituer sans exception tous les Huns, de quelque qualité et en quelque nombre qu'ils fussent, qui avaient passé chez les Romains depuis l'époque où Carpilion, fils d'Aëtius, avait été son otage. « Je ne souffrirai point, disait-il avec hauteur, que mes esclaves portent les armes contre moi, quoiqu'ils ne puissent rien, je le sais bien, pour le salut de ceux qui les emploient. Quelle est la ville, quel est le château qu'ils parviendraient à sauver de mes mains, si j'ai résolu de le prendre et de le détruire ? Qu'on aille donc faire connaître là-bas ce que j'ai décidé, et qu'on revienne tout aussitôt me faire connaître à moi si les Romains veulent me rendre mes transfuges, ou s'ils préfèrent la guerre. » L'ordre de départ ne regardait que Vigilas ; Attila pria l'ambassadeur de rester près de lui pour recevoir la réponse qu'il se proposait de faire à la lettre de l'empereur. Il n'oublia pas non plus de réclamer les présents qu'on lui avait destinés. L'audience finit là.

Cette scène, qui laissa les Romains tout émus, fut l'unique sujet de leur conversation à leur retour au quartier. Vigilas ne concevait pas que le même homme dont il avait éprouvé la bienveillance, il y avait à peine une année, eût pu le traiter d'une façon si ignominieuse, et son esprit se torturait pour en deviner la cause. Priscus la trouvait dans l'aventure du dîner de Sardique, dans ce propos imprudent de Vigilas, dont les Barbares n'avaient pas manqué de faire rapport à leur roi ; Maximin, qui n'entrevoyait aucune autre raison que celle-là, appuyait l'avis de son ami ; mais Vigilas secouait la tête et ne paraissait pas convaincu. Survint Édécon, qui l'emmena en particulier et causa quelque temps avec lui. Cette démarche avait pour but de rassurer l'interprète sur ce qui venait de se passer, et de lui dire que tout se préparait à merveille pour le succès du complot : Édécon maintenant osait en répondre, et ce voyage procurait à Vigilas une occasion inespérée de tenir au courant Chrysaphius et de rapporter l'argent dont ils avaient besoin. L'interprète, remonté par ces explications, avait repris tout son calme quand il rejoignit ses collègues, et aux questions que ceux-ci s'empressèrent de lui adresser il se contenta de répondre que l'affaire des transfuges agitait seule Attila, qui ferait la guerre infailliblement, si on ne lui donnait satisfaction. Sur ces entrefaites, des messagers entrèrent dans le quartier de l'ambassade et proclamèrent une défense du roi à tout Romain, quel qu'il fût, de rien acheter chez les Huns, ni chevaux, ni bêtes de somme, ni esclaves barbares, ni captifs romains, rien, en un mot, hormis les choses indispensables à la vie, et ce jusqu'à la conclusion des difficultés pendantes entre les deux nations. La défense fut signifiée à l'ambassadeur, Vigilas présent. C'était, comme on le pense bien, une ruse d'Attila pour enlever d'avance à l'interprète tout prétexte plausible d'introduire une forte somme d'argent dans ses états.

Attila ne parlait plus de sa chasse aux bêtes fauves en Pannonie depuis qu'il en avait rencontré une autre plus à son goût. Désireux de suivre sans préoccupation la piste de Vigilas et d'observer à loisir les démarches de l'ambassadeur qu'il gardait provisoirement en otage, il leva son camp deux jours après cette scène, et partit pour regagner sa résidence ordinaire dans la capitale de la Hunnie. Il fit dire aux Romains de se tenir prêts à le suivre, et, au jour marqué, ceux-ci se mirent, avec leurs guides particuliers, à l'arrière-garde de l'armée des Huns. On n'avait pas fait encore beaucoup de chemin quand ces guides changèrent brusquement de direction, et s'engagèrent dans une route peu frayée, laissant l'armée continuer sa marche, et pour raison de ce changement de front, ils apprirent aux voyageurs qu'une cérémonie, à laquelle il ne leur était pas permis d'assister, allait se célébrer dans un hameau voisin. Ce n'était pas moins qu'un nouveau mariage du roi : Attila ajoutait à ses innombrables épouses la fille d'un grand du pays, nommé Escam. La contrée que Maximin et sa troupe avaient à traverser était basse et de parcours facile, mais extrêmement marécageuse ; ils durent franchir plusieurs rivières, parmi lesquelles Priscus mentionne la Tiphise, aujourd'hui la Theiss, qui coule au cœur de la Hongrie et se jette dans le Danube entre Semlin et Peterwaradin. Ils passaient les rivières ou les marais profonds au moyen de bateaux emmagasinés dans les villages riverains et que les habitants leur amenaient sur des chariots. Leur nourriture, durant la route, se composa principalement de millet fourni par la population sur la demande des guides, et de deux espèces de boissons fermentées, l'une appelée *médos*, qui n'était autre chose que de l'hydromel, l'autre fabriquée avec de l'orge et que les Huns nommaient *camos*. Le voyage ne manqua point d'aventures, les unes pénibles, les autres réjouissantes. En voici une que Priscus raconte avec une gaieté et une naïveté dont nous regretterions de priver nos lecteurs.

« Le jour baissait, dit-il, quand nous plantâmes nos tentes au bord d'un marais dont nous jugeâmes l'eau très potable, parce que les habitants d'un hameau voisin y venaient puiser pour leur usage ; mais nous avions à peine fini notre installation, lorsqu'il s'éleva un vent violent, et une tempête subite, mêlée de foudre et de pluie, balaya pêle-mêle notre tente et nos ustensiles, qui roulèrent jusque dans le marais. Effrayés des tourbillons qui traversaient l'air et du malheur qui venait de nous arriver, nous désertâmes la place à qui mieux mieux, courant chacun au hasard sous des torrents de pluie et par l'obscurité la plus épaisse. Heureusement tous les chemins que nous prîmes conduisaient au village, et en quelques instants nous nous y trouvâmes réunis. Là, nous nous mîmes à pousser de grands cris pour avoir du secours. Notre tapage ne fut pas perdu, car nous vîmes les Huns sortir les uns après les autres de leurs maisons, tous munis de roseaux allumés qu'ils portaient en guise de flambeaux. En réponse à leurs questions, nos guides racontèrent l'événement qui nous avait dispersés, et aussitôt ceux-ci nous engagèrent à entrer dans leurs maisons, jetant d'abord à terre quelques brassées de roseaux dont la flamme servit à nous sécher. Ce village appartenait à une des veuves de Bléda, laquelle, instruite de notre arrivée, nous envoya dans le logement que nous occupions des provisions de bouche et de très belles femmes pour notre usage, ce qui est chez la nation hunnique une marque de grand honneur et de bonne hospitalité. Nous prîmes les vivres et remerciâmes les dames ; puis, accablés de fatigues, nous ne fîmes qu'un somme jusqu'au lendemain. Notre première pensée, au point du jour, fut d'aller faire l'inventaire de notre mobilier ; nous le trouvâmes dans un triste état : une partie gisait éparse sur le lieu du campement, une partie le long du marais, une partie dans l'eau, où nous nous mîmes à la repêcher. La journée s'employa à ce travail et à faire sécher nos effets, que nous rapportions tout trempés. Déjà la tempête avait cessé ; le plus beau soleil brillait au ciel. Nous sellâmes chevaux et mulets, et nous nous rendîmes chez la reine pour la saluer. Elle accueillit bien quelques présents que nous lui offrîmes, savoir : trois coupes d'argent, des toisons teintes en pourpre, du poivre d'Inde, des dattes et des fruits secs dont ces Barbares sont très curieux, parce qu'ils en voient rarement. Après lui avoir exprimé notre reconnaissance pour son hospitalité et nos souhaits, nous prîmes congé d'elle et continuâmes notre voyage. »


Ils marchaient depuis sept jours, quand ils se croisèrent avec une autre ambassade romaine arrivée par un autre chemin : c'était une députation de l'empereur d'Occident Valentinien III au roi des Huns, à propos de certains vases sauvés du pillage de Sirmium ; l'histoire est curieuse et jettera quelques lumières de plus sur cette politique asiatique, où l'opiniâtreté des résolutions servait à en déguiser l'injustice. À l'époque où, contre tout droit, les Huns étaient venus assiéger Sirmium, l'évêque de cette ville, ne prévoyant que trop bien l'issue de la guerre, disposa des vases de son église. Il connaissait un certain Constancius, Gaulois de naissance, alors secrétaire d'Attila et employé aux opérations du siège. Ayant trouvé moyen d'avoir une entrevue avec lui, l'évêque lui remit les vases sacrés : « Si je deviens votre prisonnier, lui dit-il, vous les vendrez pour me racheter ; si je meurs auparavant, vous les vendrez encore, et avec leur prix vous rachèterez d'autres captifs. » Il mourut pendant le siège, et le dépositaire s'appropria le dépôt. Il y avait près de là, par hasard, un prêteur sur gages nommé Sylvanus, lequel tenait une boutique d'*argentier* ou banquier sur une des places publiques de Rome ; Constancius lui engagea les vases pour une certaine somme qu'il ne paya pas à l'échéance ; le délai expiré, Sylvanus vendit les vases à un évêque d'Italie, ne voulant ni les briser ni les employer à un usage profane. Ces faits vinrent aux oreilles d'Attila au bout de quelque temps. Il commença par faire pendre ou crucifier, suivant sa coutume, le secrétaire infidèle ; puis il réclama, près de l'empereur Valentinien, Sylvanus ou les vases. « Il me faut une chose ou l'autre, écrivait-il ; ces vases m'appartiennent comme ayant été soustraits par l'évêque au butin de la ville ; mon secrétaire les a volés, je l'ai puni ; je demande maintenant le recéleur ou la restitution de mon bien. » Vainement l'empereur répondit que Sylvanus n'était point un recéleur, attendu qu'il avait acheté de bonne foi et que, quant aux vases eux-mêmes, affectés à une destination religieuse, ils ne pourraient pas lui être remis sans profanation ; vainement il offrit d'en paver la valeur en argent : Attila, sourd à toutes les raisons, ne sortait pas de son dilemme : « Mes vases ou le recéleur, sinon la guerre. » Le cabinet de Ravenne, à bout de correspondances sans résultats, lui députait trois nobles romains pour s'entendre enfin avec lui, s'il était possible, et prévenir de plus grands malheurs. On avait choisi pour cette mission un homme qui semblait devoir être bien venu du Barbare, le comte Romulus, beau-père d'Oreste ; et on lui avait adjoint un officier-général, nommé Romarins, avec Promotus, commandant de la Pannonie. Un quatrième personnage, fort important dans la circonstance, Tatullus, père d'Oreste, avait voulu profiter de l'occasion pour visiter son fils. Priscus et Maximin furent heureux de retrouver des compatriotes au fond de ce désert sauvage, et les deux ambassades réunies attendirent dans un certain lieu le passage d'Attila, qu'on annonçait devoir être prochain. Au bout de quelques journées encore, le roi, l'armée et les deux ambassades romaines

arrivaient en vue de la bourgade royale, capitale de
toute la Hunnie.

## II. – LA COUR D'ATTILA.

Le palais du prince barbare, placé sur une
hauteur, dominait toute la bourgade, et attirait au
loin les regards par ses hautes tours qui se
dressaient vers le ciel. On désignait sous ce nom un
vaste enclos circulaire renfermant plusieurs
maisons, telles que celles du roi, de son épouse
favorite Kerka, de quelques-uns de ses fils, et
probablement aussi la demeure de ses gardes ; une
clôture en bois l'entourait ; les édifices intérieurs
étaient aussi en bois. Située probablement au centre
et seule flanquée de tours, la maison d'Attila était
encadrée dans de grands panneaux de planches d'un
poli admirable, et si exactement joints ensemble
qu'ils semblaient ne former qu'une seule pièce.
Celle de la reine, d'une architecture plus légère et
plus ornée, présentait sur toutes ses faces des
dessins en relief et des sculptures qui ne
manquaient point de grâce. Sa toiture reposait sur
des pilastres soigneusement équarris, entre lesquels
régnait une suite de cintres en bois tourné, appuyés
sur des colonnettes, et formant comme les arcades
d'une galerie. La maison d'Onégèse se voyait à peu
de distance du palais, close également d'une

palissade et construite dans le même genre que celle du roi, avec plus de simplicité. Une curiosité y méritait l'attention des étrangers dans ce pays dénué de pierres à bâtir et même d'arbres, et où il fallait transporter du dehors les matériaux de construction, Onégèse avait fait élever un bain sur le modèle des thermes romains. Voici l'histoire de ce bain telle que les Romains l'entendirent conter. Au nombre des captifs provenant du sac de Sirmium, se trouvait un architecte qu'Onégèse réclama dans sa part de butin. Le ministre d'Attila, Grec de naissance, venu très jeune chez les Huns, y avait apporté le goût des bains à la façon romaine, et l'avait communiqué à sa femme et à ses enfants. S'il avait réclamé la personne de l'architecte, c'était afin d'obtenir d'un homme habile la construction d'un bâtiment où il pût satisfaire son goût, et le captif, en déployant toute son industrie, crut accélérer l'instant où il verrait tomber ses fers. Il se mit donc à l'œuvre avec zèle : des pierres furent tirées de Pannonie ; des fourneaux, des piscines, des étuves s'organisèrent ; mais, lorsque tout fut achevé, comme il fallait des mains expérimentées pour diriger un service si nouveau chez les Huns, Onégèse créa l'architecte baigneur en titre de sa maison, et le malheureux dit adieu pour jamais à la liberté.

Attila fit son entrée dans la capitale de son empire avec un cérémonial qui intéressa vivement les Romains, et surtout Priscus, observateur si curieux, peintre si naïf de tout ce qui frappait ses regards par un côté singulier. Ce furent les femmes de la bourgade qui vinrent le recevoir en procession. Rangées sur deux files, elles élevaient au-dessus de leurs têtes et tendaient d'une file à l'autre, dans leur longueur, des voiles blancs, sous lesquels les jeunes filles marchaient par groupes de sept, chantant des vers composés à la louange du roi. Le cortège prit la direction du palais en passant devant la maison d'Onégèse. La femme du ministre favori se tenait en dehors de l'enceinte, entourée d'une foule de servantes qui portaient des plats garnis de viande et une coupe pleine de vin. Lorsque le roi parut, elle s'approcha de lui, et le pria de goûter au repas qu'elle lui avait préparé ; un signe bienveillant fit savoir qu'il y consentait : c'était la plus grande faveur qu'un roi des Huns pût accorder à ses sujets. Aussitôt quatre hommes vigoureux soulevèrent une table d'argent jusqu'à la hauteur du cheval, et, sans mettre pied à terre, Attila goûta de tous les plats et but une gorgée de vin, après quoi il entra dans son palais. En l'absence de son mari, qui arrivait d'un long voyage et que le roi manda près de lui, la femme d'Onégèse reçut les ambassadeurs à souper dans la compagnie des principaux du pays, presque tous ses parents. Maximin prit ensuite des dispositions pour son établissement ; il dressa ses tentes dans un lieu voisin tout à la fois de la maison du ministre et du palais du roi.

Onégèse, dont le nom grec indiquait l'origine, mais qui avait été élevé chez les Huns, tenait le premier rang dans l'empire après Attila, soit par la puissance, soit par la richesse : c'était presque le roi, si Attila était l'empereur. Ce comble de fortune, devant lequel les Huns de naissance s'inclinaient sans murmurer, Onégèse le devait aux moyens les plus honorables, à la bravoure sur le champ de bataille, à la sincérité dans les conseils, au courage même avec lequel il luttait contre les résolutions violentes ou les mauvais instincts de son maître. Il était près d'Attila le meilleur appui des Romains, non par intérêt personnel ou par souvenir lointain de son origine, mais par pur esprit d'équité, par un goût inné de ce qui tenait à la civilisation. La logique, si différente des faits, eût placé de droit un tel ministre près d'un prince civilisé et chrétien, tandis qu'elle eût relégué au contraire un Chrysaphius près d'Attila. Le roi hun, si absolu, si emporté, cédait à ce caractère ferme dans sa douceur ; Onégèse était devenu son conseiller indispensable, et c'est à lui qu'il avait confié l'éducation militaire et la tutelle de son fils aîné, Ellac, dans le royaume des Acatzires, dont Onégèse venait de terminer la conquête. Ramené sur les bords du Danube, après une longue absence, par le désir de revoir son père, ce jeune homme avait fait en route une chute de cheval où il s'était démis le poignet. Onégèse avait donc bien des choses importantes à traiter avec le roi, qui le retint toute la soirée : ce fut le motif de son absence au souper ; mais Maximin brûlait d'impatience de le voir pour lui communiquer les instructions de Théodose à son égard ; il espérait d'ailleurs beaucoup dans l'intervention de cet homme tout-puissant pour aplanir les difficultés dont sa mission était entourée. Il dormit à peine, et, dès les premières lueurs de l'aube, il fit partir Priscus avec les présens destinés au ministre. L'enceinte était fermée ; aucun domestique de la maison ne se montrait, et Priscus dut attendre ; laissant donc les présents sous la garde des serviteurs de l'ambassade, il se mit à se promener jusqu'au moment où quelqu'un paraîtrait.

Il avait fait à peine quelques centaines de pas, quand un autre promeneur, l'abordant, lui dit en fort bon grec : *Khaïré*, — je vous salue. Entendre parler grec dans les états d'Attila, où les idiomes usuels étaient le hun, le goth et le latin, surtout pour les relations de commerce, c'était une nouveauté qui frappa Priscus. Les seuls Grecs qu'on pouvait s'attendre à rencontrer là étaient des captifs de la Thrace ou de l'Illyrie maritime, gens misérables, faciles à reconnaître à leur chevelure mal peignée et à leurs vêtements en lambeaux, tandis que l'interlocuteur de Priscus portait la tête rasée tout à l'entour et le vêtement des Huns de la classe opulente. Ces réflexions traversèrent comme un éclair la pensée de Priscus, qui, pour s'assurer de ce qu'était cet homme, lui demanda, en lui rendant son salut, de quel pays du monde il était venu essayer la vie barbare chez les Huns ?

— Pourquoi me faites-vous cette question ? dit l'inconnu.

— Parce que vous parlez trop bien le grec, répondit Priscus. L'inconnu se mit à rire.

— En effet, dit-il, je suis Grec. Fondateur d'un établissement de commerce à Viminacium en Mésie, je m'y étais marié richement ; j'y vivais heureux : la guerre a dissipé mon bonheur. Comme j'étais riche, j'ai été adjugé, personne et biens, dans le butin d'Onégèse, car vous saurez que c'est un privilège des princes et des chefs des Huns de se réserver les plus riches captifs. Mon nouveau maître me mena à la guerre, où je me battis bien et avec profit. Je me mesurai contre les Romains ; je me mesurai contre les Acatzires ; quand j'eus acquis suffisamment de butin, je le portai à mon maître barbare, et, en vertu de la loi des Scythes, je réclamai ma liberté. Depuis lors, je me suis fait Hun ; j'ai épousé une femme barbare qui m'a donné des enfants ; je suis commensal d'Onégèse, et, à tout prendre, ma condition actuelle me paraît préférable à ma condition passée.

— Oh ! oui, continua cet homme après s'être recueilli un instant, le travail de la guerre une fois terminé, on mène parmi les Huns une vie exempte de soucis : ce que chacun a reçu de la fortune, il en jouit paisiblement ; personne ne le moleste, rien ne le trouble. La guerre nous alimente ; elle épuise et tue ceux qui vivent sous le gouvernement romain. Il faut bien que le sujet romain mette dans le bras d'autrui l'espérance de son salut, puisqu'une loi tyrannique ne lui permet pas de porter les armes dont il a besoin pour se défendre, et ceux que la loi commet à les porter, si braves qu'ils soient, font mal la guerre, entravés qu'ils sont tantôt par l'ignorance, tantôt par la lâcheté des chefs. Cependant les maux de la guerre ne sont rien chez les Romains en comparaison des calamités qui accompagnent la paix, car c'est alors que fleurissent dans tout leur luxe et la rigueur insupportable des tributs, et les exactions des agents du lise, et l'oppression des hommes puissants. Comment en serait-il autrement ? les lois ne sont pas les mêmes pour tout le monde. Si un riche ou un puissant les transgresse, il profitera impunément de son injustice ; mais un pauvre, mais un homme qui ignore les formalités du droit, oh ! celui-là, la peine ne manquera point de l'atteindre, à moins pourtant qu'il ne meure de désespoir avant son jugement, épuisé, ruiné par un procès sans fin. Ne pouvoir obtenir qu'à prix d'argent ce qui est du droit et des lois, c'est, à mon avis, le comble de l'iniquité. Quelque injure que vous ayez reçue, vous ne pouvez ni aborder un tribunal ni demander une sentence au juge avant d'avoir déposé préalablement une somme d'argent qui bénéficiera à ce juge et à sa séquelle.

L'apostat de la civilisation continua longtemps sur ce ton, déclamant avec une chaleur qui donnait parfois à ses paroles l'apparence d'un plaidoyer pour lui-même. Quand il parut avoir tout dit, Priscus le pria de le laisser parler quelques instants à son tour et de l'écouter avec patience. — A mon sens, commença-t-il, les fondateurs de l'état romain ont été des hommes sages et prévoyants ; pour que chacun sût bien son métier, ils ont fait de ceux-ci les gardiens de la loi, de ceux-là les gardiens de la sûreté publique, et, n'ayant pas d'autre occupation au monde que de s'exercer au maniement des armes, de s'aguerrir et de se battre, ces derniers ont composé une classe de gens excellents pour protéger les autres. Nos législateurs établirent en outre une troisième classe, celle des colons qui cultivent la terre : il était bien juste qu'au moyen de l'annone militaire cette classe nourrît ceux qui la protègent. Ce n'est pas tout : ils créèrent des conservateurs de l'équité et du droit au profit des faibles et des incapables, des défenseurs juridiques pour ceux qui ne sauraient pas se défendre. Cela posé, qu'y a-t-il de si injuste à ce que le juge et l'avocat soient payés par le plaideur, comme le soldat par le paysan ? Celui qui reçoit le service doit tribut à celui qui le rend, et le bon office doit être mutuel. Le cavalier ne fait que gagner à soigner son cheval, le berger ses bœufs, le chasseur ses chiens. S'il y a de mauvais plaideurs qui se ruinent en procès, tant pis pour eux ! et, quant à la longueur des affaires, elle tient la plupart du temps à la nécessité de les éclaircir, et mieux vaut, après tout, une bonne sentence qui s'est fait attendre qu'une mauvaise sentence improvisée. Risquer de commettre l'injustice, ce n'est pas seulement nuire aux hommes, c'est encore offenser Dieu, l'inventeur de la justice. Les lois sont publiques, tout le monde les connaît ou peut les connaître ; l'empereur lui-même leur obéit. Votre accusation sur l'impunité des grands est vraie quelquefois, mais applicable à tous les peuples, et le pauvre lui-même peut échapper à la peine, si l'on ne trouve pas de preuves suffisantes de sa culpabilité. Vous vous félicitez du don de votre liberté ; rendez-en grâce à la fortune, et non point à votre maître. En vous menant à la guerre, vous homme civil, il pouvait vous faire tuer, et, si vous aviez fui, il pouvait vous tuer lui-même. Les Romains n'ont point cette dureté ; leurs lois garantissent la vie de l'esclave contre les sévices du maître : elles lui assurent la jouissance de son pécule, et elles l'élèvent par l'affranchissement à la condition des hommes libres, tandis qu'ici, pour la moindre faute, c'est la mort qui le menace.

Cette vue élevée de la civilisation, ce tableau des protections diverses qui entourent l'individu sous les gouvernements policés, sembla remuer vivement l'interlocuteur de Priscus, qui ne cherchait vraisemblablement, en accumulant sophismes sur sophismes, qu'à étouffer en lui-même quelques remords et à combattre quelques regrets. Ses yeux parurent mouillés de larmes, puis il s'écria : — Les lois des Romains sont bonnes, leur république est bien ordonnée, mais les mauvais magistrats la pervertissent et l'ébranlent ! - Ils en étaient là quand un domestique d'Onégèse ouvrit l'enceinte de la maison : Priscus quitta l'inconnu, qu'il ne revit plus.

L'insistance que mettait Théodose à demander Onégèse pour négociateur dans ses différends avec les Huns tenait à un double calcul de la politique byzantine : d'abord on semblait repousser Édécon comme trop rude et trop dévoué aux intérêts de son maître, puis, à tout événement, on espérait attirer par les séductions et peut-être corrompre par l'argent le ministre tout-puissant qui montrait une bienveillance si pleinement gratuite à l'empire. De ces deux calculs, l'honnête Maximin ignorait le premier et soupçonnait à peine le second ; mais cette partie de sa mission lui avait été recommandée comme une de celles auxquelles l'empereur tenait le plus, et il ne supposait pas qu'une telle avance de la part d'un tel souverain pût laisser le Barbare indifférent. Onégèse, après avoir donné un coup d'œil rapide aux présens que Priscus lui apportait, les fit déposer dans sa maison, et, apprenant que l'ambassadeur romain voulait se rendre chez lui, il tint à le prévenir lui-même ; au bout de quelques instants, Maximin le vit entrer sous sa tente. Alors commença entre ces deux hommes d'état une conversation dans laquelle le caractère du ministre d'Attila se déploya tout entier. Maximin s'attacha à lui exposer avec quelque peu d'emphase que le moment d'une pacification solide entre les Romains et les Huns paraissait arrivé, pacification dont l'honneur était réservé à sa prudence, et que l'utilité très grande dont le ministre hun pouvait être pour les deux nations se reverserait sur lui-même et sur ses enfants en bienfaits perpétuels de la part de l'empereur et de toute la famille impériale. -- Comment donc, demanda naïvement Onégèse, ce grand honneur peut-il m'advenir, et comment puis-je être entre vous et nous l'arbitre souverain de la paix ? — En étudiant, reprit l'ambassadeur, chacun des points qui nous divisent et les conventions des traités, et pesant le tout dans la balance de votre équité. L'empereur acceptera votre décision. — Mais, rétorqua celui-ci, ce n'est point là le rôle d'un ambassadeur, et, si je l'étais, je n'aurais pas d'autre règle que les volontés de mon maître. Les Romains espéreraient-ils par hasard m'entraîner par leurs prières à le trahir, et à tenir pour néant ma vie passée parmi les Huns, mes femmes, mes enfants nés chez eux ? Ils se tromperaient grandement. L'esclavage me serait plus doux près d'Attila que les honneurs et la fortune dans leur empire. — Ces paroles, prononcées d'un ton calme, mais net, ne souffraient point de réplique. Onégèse, comme pour en adoucir la rudesse, se hâta d'ajouter qu'il était plus utile aux Romains près d'Attila, dont il apaisait quelquefois les emportements, qu'il ne le serait à Constantinople, où son bon vouloir pour eux ne tarderait pas à le rendre suspect. — Évidemment le ministre de Théodose n'avait rien à faire de ce côté.

Cependant la reine Kerka attendait ses présents : Priscus fut encore chargé de les lui présenter. Elle les reçut dans une pièce de son élégant palais recouverte d'un tapis de laine ; elle-même était assise sur des coussins et entourée de ses femmes et de ses serviteurs accroupis en cercle autour d'elle, les hommes d'un côté et les femmes de l'autre ; celles-ci travaillaient à passer des fils d'or et de soie dans des pièces d'étoffes destinées à relever les vêtements des hommes. En sortant du palais de la reine, Priscus entendit un grand bruit, et vit courir une grande foule à laquelle il se mêla. Il aperçut bientôt Attila, qui, flanqué d'Onégèse, vint se placer devant la porte de sa maison pour y rendre la justice. Sa contenance était grave, et il s'assit en silence. Ceux qui avaient des procès à faire juger s'approchèrent à tour de rôle ; il les jugea tous, puis il rentra pour recevoir des députés qui lui arrivaient de plusieurs pays barbares.

L'enclos du palais d'Attila était une sorte de promenade où les ambassadeurs circulaient librement en attendant les audiences soit du roi, soit de son ministre ; ils pouvaient aller, venir, tout observer, aucun garde ne les y gênant. Priscus s'y rencontra face à face avec le comte Romulus et ses collègues de l'ambassade d'Occident, lesquels se promenaient en compagnie de deux secrétaires d'Attila, Constancius et Constanciolus, tous deux Pannoniens, et de ce Rusticius qui avait accompagné volontairement l'ambassade d'Orient, et venait de se faire attacher comme scribe à la chancellerie du roi des Huns. « Comment vont vos affaires ? » fut la question que Rornulus et lui s'adressèrent d'abord. Elles ne marchaient pas plus vite d'un côté que de l'autre ; rien ne pouvait fléchir la résolution d'Attila vis-à-vis de l'empire d'Occident : il lui fallait le banquier Sylvanus ou les vases de Sirmium. Comme plusieurs des assistants se récriaient sur l'opiniâtreté déraisonnable de l'esprit barbare, Romulus, que son expérience des hautes affaires faisait toujours écouter avec intérêt, dit, en poussant un soupir : « Oui, la fortune et la puissance ont tellement gâté cet homme, qu'il n'y a plus de place dans son oreille pour des raisons justes, à moins qu'elles ne lui plaisent. Avouons aussi que, soit en Scythie, soit ailleurs, personne n'a jamais accompli de plus grandes choses en moins de temps : maître de la Scythie entière, jusqu'aux îles de l'Océan, il nous a rendus ses tributaires, et voilà qu'il couve encore de plus grands desseins, et qu'il veut entreprendre la conquête des Perses. — Des Perses ! interrompit un des assistants ; mais quel chemin peut le conduire de Scythie en Perse ? — Un chemin fort court, reprit Romulus. Les montagnes de la dédie ne sont pas éloignées des tribus extrêmes, des Huns ; ceux-ci le savent bien. Il est arrivé autrefois que, pendant une famine qui les décimait sans qu'ils pussent tirer des subsistances de l'empire romain, parce qu'ils étaient en guerre avec lui, deux de leurs princes tentèrent de s'en procurer du côté de l'Asie. Ils poussèrent, à travers une région déserte, jusqu'au bord d'un marais que je crois être le marais Méotide ; puis, quinze journées de marche les amenèrent au pied de hautes montagnes qu'ils gravirent, et ils se trouvèrent en Médie. Le pays était fertile ; les Huns y firent la moisson tout à leur aise, et ils avaient déjà réuni un butin immense quand un jour les Perses arrivèrent et obscurcirent le ciel de leurs flèches. Les Huns, pris à l'improviste et abandonnant tout, firent retraite par un autre chemin, et il advint que ce nouveau passage les conduisit également dans leur pays. Maintenant, supposez qu'il prenne fantaisie au roi Attila de renouveler cette campagne ; Mèdes et Perses ne lui coûteront à conquérir ni beaucoup de fatigues, ni beaucoup de temps, car aucun peuple de la terre ne peut résister à ses armées. » Les Romains suivaient avec une curiosité mêlée d'appréhension le récit du comte Romulus, qui avait visité tant de pays et pris part à tant d'événements. Un des interlocuteurs ayant exprimé le vœu qu'Attila se jetât dans cette guerre lointaine pour laisser respirer l'empire romain : « Prenons garde, au contraire, dit Constanciolus, qu'après avoir subjugué les Perses, et ce ne sera pas difficile pour lui, il ne revienne vers nous, non plus en ami, mais en maître. Aujourd'hui il se contente de recevoir l'or que nous lui donnons comme un salaire attaché à son titre de général romain ; quand il aura mis la Perse sous ses pieds, et que l'empire romain restera seul debout en face de lui, pensez-vous qu'il le ménage ? Déjà il souffre impatiemment ce titre de général que nous lui donnons pour lui dénier celui de roi, et on l'a entendu s'écrier avec indignation qu'il avait autour de lui des esclaves qui valaient les généraux romains, et des généraux huns qui valaient les empereurs. » Cette conversation, dans laquelle les représentants du monde civilisé se communiquaient leurs sombres pressentiments et candissaient à qui mieux mieux l'homme qui suspendait la destruction sur leur patrie, fut interrompue brusquement. Onégèse vint signifier à Priscus qu'Attila ne recevrait plus désormais pour ambassadeurs que trois personnages consulaires qu'il lui nomma : Anatolius était l'un des trois. Priscus, sans songer qu'il mettait son propre gouvernement en contradiction avec lui-même, fit observer que désigner ainsi certains hommes, c'était les rendre suspects à leur souverain ; Onégèse ne répondit que ces mots : « Il le faut, ou la guerre. » Priscus regagnait tristement son quartier, quand il rencontra le père d'Oreste, Tatullus, qui venait informer l'ambassadeur et lui qu'Attila les invitait à sa table pour le jour même, à la neuvième heure, environ trois heures après midi. Les ambassadeurs d'Occident devaient également s'y trouver.

La salle du festin était une grande pièce oblongue, garnie à son pourtour de sièges et de petites tables mises bout à bout, pouvant recevoir chacune quatre ou cinq personnes. Au milieu s'élevait une estrade qui portait la table d'Attila et son lit, sur lequel il avait déjà pris place ; à peu de distance derrière, se trouvait un second lit, orné comme le premier de linges blancs et de tapis bariolés et ressemblant aux *thalami* en usage en Grèce et à Rome dans les cérémonies nuptiales. Au moment où les ambassadeurs entraient, des échansons, apostés près du seuil de la porte, leur remirent des coupes pleines de vin, dans lesquelles ils durent boire en saluant le roi : c'était un cérémonial obligatoire que chaque convive observa avant d'aller prendre son siège. La place d'honneur, fixée à droite de l'estrade, fut occupée par Onégèse, en face duquel s'assirent deux des fils du roi. On donna aux ambassadeurs la table de gauche, qui était la seconde en dignité ; encore s'y trouvèrent-ils primés par un noble hun, du nom de Bérikh, personnage considérable qui possédait plusieurs villages en Hunnie. Ellac, l'aîné des fils d'Attila, prit place sur le lit de son père, mais beaucoup plus bas ; il s'y tenait les yeux baissés, et conserva pendant toute la durée du festin une attitude pleine de respect et de modestie. Quand tout le monde fut assis, l'échanson d'Attila présenta à son maître une coupe remplie de vin, et celui-ci but en saluant le convive d'honneur qui se leva aussitôt, prit une coupe des mains de l'échanson posté derrière lui, et rendit le salut au roi. Ce fut ensuite le tour des ambassadeurs, qui rendirent pareillement, la coupe en main, un salut que le roi leur porta ; tous les convives furent salués l'un après l'autre, suivant leur rang, et répondirent de la même manière ; un échanson muni d'une coupe pleine se tenait derrière chacun d'eux. Les saluts finis, on vit entrer des maîtres d'hôtel portant sur leurs bras des plats chargés de viandes qu'ils déposèrent sur les tables ;

on ne mit sur celle d'Attila que de la viande dans des plats de bois, et sa coupe aussi était de bois, tandis qu'on servait aux convives du pain et des mets de toute sorte dans des plats d'argent, et que leurs coupes étaient d'argent ou d'or. Les convives puisaient à leur fantaisie dans les plats déposés devant eux, sans pouvoir prendre plus loin. Lorsque le premier service fut achevé, les échansons revinrent, et les saluts recommencèrent ; ils parcoururent encore, avec la même étiquette, toutes les places, depuis la première jusqu'à la dernière. Le second service, aussi copieux que le premier et composé de mets tout différents, fut suivi d'une, troisième *compotation*, dans laquelle les convives, déjà échauffés, vidèrent leurs coupes à qui mieux mieux. Vers le soir, les flambeaux ayant été allumés, on vit entrer deux poètes qui chantèrent, en langue hunnique, devant Attila, des vers de leur composition, destinés à célébrer ses vertus guerrières et ses victoires. Leurs chants excitèrent dans l'auditoire des transports qui allèrent jusqu'au délire : les yeux étincelaient, les visages prenaient un aspect terrible ; beaucoup pleuraient, dit Priscus larmes de désir chez les jeunes gens, larmes de regret chez les vieillards. Ces Tyrtées de la Hunnie furent remplacés par un bouffon dont les contorsions et les inepties firent passer les convives en un instant de l'enthousiasme à une joie bruyante. Pendant ces spectacles, Attila était resté constamment immobile et grave, sans qu'aucun mouvement de son visage, aucun geste, aucun mot trahît en lui la moindre émotion ; seulement, quand le plus jeune de ses fils, nominé Ernakh, entra et s'approcha de lui, un éclair de tendresse brilla dans son regard ; il amena l'enfant plus près de son lit, en le tirant doucement par la joue. Frappé de ce changement subit dans la physionomie d'Attila, Priscus se pencha vers un de ses voisins barbares, qui parlait un peu le latin, et lui demanda à l'oreille par quel motif cet homme, si froid pour ses autres enfants, se montrait si gracieux pour celui-là. « Je vous l'expliquerai volontiers, si vous me gardez le secret, répondit le Barbare. Les devins ont prédit au roi que sa race s'éteindrait dans ses autres fils, mais qu'Ernakh la perpétuerait : voilà la cause de sa tendresse ; il aime dans ce jeune enfant l'unique source de sa postérité. »

À ce moment entra le Maure Zercon, et tout aussitôt la salle retentit d'éclats de rire et de trépignements capables de l'ébranler : c'était un intermède dont les convives étaient redevables à l'imagination d'Edecon. Le Maure Zercon, nain bossu, bancal, camus, ou plutôt sans nez, bègue et idiot, circulait depuis près de vingt ans d'un bout à l'autre du monde, et d'un maître à l'autre, comme l'objet le plus étrange qu'on pût se procurer pour se divertir. Les Africains l'avaient donné au général romain Aspar, qui l'avait perdu en Thrace, dans une campagne malheureuse contre les Huns : conduit près d'Attila, qui refusa de le voir, Zercon avait trouvé meilleur accueil chez Bléda. Bientôt même le prince hun s'engoua tellement de son nain, qu'il ne pouvait plus s'en passer ; il l'avait à sa table, il l'avait à la guerre, où il lui fit fabriquer une armure, et son bonheur était de le voir se pavaner une grande épée au poing, et prendre grotesquement des attitudes de héros. Un jour pourtant Zercon s'enfuit sur le territoire romain, et Bléda n'eut pas de repos qu'on ne l'eût repris ou racheté ; la chasse fut heureuse, et on le lui ramena chargé de fers. À l'aspect de son maître irrité, le Maure se mit à fondre en larmes, et confessa qu'il avait commis une faute en le quittant ; mais cette faute, disait-il, avait une bonne excuse. « Et laquelle donc ? s'écria Bléda. — C'est, répondit le nain, que tu ne m'as pas donné de femme. » L'idée de cet avorton réclamant une femme provoqua chez Bléda un rire inextinguible ; non-seulement il lui pardonna, mais il lui fit épouser une des suivantes de la reine, disgraciée pour quelque grave méfait. Après la mort de Bléda, Attila envoya Zercon en cadeau au patrice Aëtius, qui s'en défit en faveur de son premier maître Aspar. Édécon, l'ayant rencontré à Constantinople, lui avait persuadé de venir en Hunnie redemander sa femme. Profitant donc de l'occasion de la fête, Zercon entra dans la salle et vint adresser sa requête à Attila, mêlant, dans son verbiage, la langue latine à celles des Huns et des Goths d'une façon si burlesque, que nul ne put s'empêcher de rire, et les joyeux éclats se faisaient encore entendre lorsque les Romains, pensant qu'ils avaient assez bu, s'esquivèrent au milieu de la nuit, tandis que la compagnie fit bonne contenance jusqu'au jour.

Le temps s'écoulait en pure perte pour les ambassadeurs, qui n'obtenaient ni audience du roi ni réponse satisfaisante sur aucun point. Ils demandèrent à partir ; mais Attila, sans leur en refuser positivement l'autorisation, les retint sous différents prétextes ; il les gardait. La reine Kerka voulut les traiter à son tour ; elle les invita dans la maison de son intendant Adame à un repas « magnifique et fort gai, » nous dit Priscus, où les convives, en dépit de la gravité romaine, durent boire et s'embrasser à la ronde. Un second souper qui leur fut offert par Attila reproduisit, aux yeux de Maximin et de son compagnon, l'étiquette cérémonieuse du premier ; seulement Attila s'y dérida quelque peu. Plusieurs fois, ce qui n'avait pas encore eu lieu, il adressa la parole à Maximin pour lui recommander, entre autres choses, le mariage du Pannonien Constancius, son secrétaire. Cet homme, envoyé à Constantinople, il y avait déjà quelques années, comme interprète ou adjoint d'une ambassade, s'y était vu l'objet des empressements de la cour, qui espérait le gagner, et il avait en effet promis ses bons offices pour le maintien de la paix, à la condition que Théodose lui donnerait en mariage quelque riche héritière, sa sujette. Théodose, que de tels cadeaux ne gênaient guère, lui avait aussitôt proposé une orpheline, fille de Saturninus, ancien comte des domestiques, que l'impératrice Athénaïs avait accusé de complot et fait mourir. Encore prisonnière et gardée dans un château fort, la jeune, fille n'apprit pas sans une mortelle horreur le sort qu'on lui destinait, et, résolue de s'en affranchir à tout prix, elle se fit enlever par Zénon, général des troupes d'Orient, qui la maria avec un de ses amis nommé Rufus. Attila, furieux à cette nouvelle, manda insolemment à Théodose que, s'il n'avait pas la puissance de se faire obéir chez lui, Attila viendrait l'y aider ; mais une rupture n'était pas le fait de Constancius, qui se contenta de la promesse d'une autre femme. C'était ce qu'Attila rappelait au souvenir de l'ambassadeur. « Il ne serait pas convenable, lui faisait-il dire par son interprète, que Théodose se fût joué de la crédulité de Constancius ; un empereur perdrait de sa dignité à faire un mensonge. » Il ajouta, comme une raison déterminante et un argument sans réplique, « que si le mariage se faisait, il partagerait la dot avec son secrétaire. » Voilà comment les affaires se traitaient à la cour du roi des Huns.

Enfin Attila, ayant éclairci tout ce qu'il lui importait de savoir, l'innocence de l'ambassadeur, la persistance de la cour impériale dans le complot contre sa vie, et le retour prochain de Vigilas, qui avait déjà quitté Constantinople, laissa partir les ambassadeurs dont la présence lui devenait inutile. Une lettre délibérée dans un conseil de seigneurs huns et de secrétaires de la chancellerie hunnique, sous la présidence d'Onégèse, fut remise à Bérikh, qui dut accompagner l'ambassade jusqu'à Constantinople. Quoique les Romains s'en allassent comblés de politesses et de présents, attendu que chaque grand de la cour, sur l'invitation du roi, s'était empressé de leur offrir quelques objets précieux, tels que pelleteries, chevaux, tapis ou vêtements brodés, les incidents de leur voyage furent peu récréatifs et leur montrèrent, au sortir des festins et des fêtes, un côté plus sérieux du gouvernement d'Attila. À quelques journées de marche, ils virent crucifier un transfuge, saisi près de la frontière, et qu'on accusait d'être venu espionner pour le compte des Romains. Un peu plus loin, ce furent deux captifs probablement romains qui s'étaient enfuis après avoir tué leur maître hun à la guerre : on les ramenait pieds et poings liés, et on profita du passage des ambassadeurs, comme d'une bonne occasion, pour clouer ces malheureux à un poteau et leur enfoncer dans la gorge un pieu aigu. Leur compagnon de route, Bérikh, était d'ailleurs un vieux Hun de race primitive, sauvage, grossier, vindicatif. À propos d'une querelle survenue entre ses domestiques et ceux de l'ambassade, il reprit à Maximin un beau cheval qu'il lui avait donné, et ne cessa pas de murmurer tout le long du chemin. Finalement, à peu de distance du Danube, sur les terres romaines, l'ambassade rencontra Vigilas, qui en allait tout joyeux vers le but de son voyage, en compagnie, comme il croyait, mais en réalité sous la garde d'Esla.

Tel fut le premier acte de ce drame compliqué dont Attila faisait mouvoir les fils avec une si profonde astuce et une patience si opiniâtre. Il avait eu pendant deux mois entiers sous sa main les représentants d'un gouvernement qui conspirait contre sa vie, une ambassade dont le seul but était de le faire assassiner par les siens ; il pouvait invoquer, pour se venger ou se défendre, le droit des nations qu'on violait si outrageusement contre lui ; l'existence de tous ces Romains dépendait d'un signe de ses yeux, et ce signe, il ne le fit pas. Avec l'impartialité d'un juge prononçant dans une cause étrangère, il sépara l'innocent du coupable, sans vouloir remarquer qu'ils portaient tous deux la même tache originelle. S'il y avait dans cette conduite un sentiment d'équité naturelle incontestable, il s'y trouvait aussi un grand fonds d'orgueil, une haine superbe qui dédaignait les instruments pour remonter plus implacable jusqu'aux auteurs du crime. C'était à Théodose, à Chrysaphius, à l'honneur romain qu'il en voulait. Il jouissait de pouvoir mettre en parallèle, devant ce monde civilisé qui lui refusait le titre de roi comme à un chef de sauvages et le méprisait tout en le redoutant, la justice et les procédés du Barbare avec ceux de l'empereur romain.

Vigilas s'était bâté de terminer à Constantinople les affaires qui servaient de prétexte à son voyage. Toujours aveugle, toujours infatué de sa propre importance, il avait fini par l'inspirer aux autres. Chrysaphius, qui crut, d'après lui, le succès du complot assuré, doubla la somme à tout événement ; l'interprète revenait donc avec 100 livres d'or renfermées dans une bourse de cuir. Tout cela se passait sous l'œil attentif d'Esla, qui ne perdait aucun de ses mouvements depuis leur départ. Les serviteurs de l'ambassade hunnique n'étaient pas autre chose non plus que des gardiens qui tenaient le Romain prisonnier sans qu'il s'en doutât. De l'autre côté du Danube, la surveillance se resserra encore davantage. Vigilas amenait de Constantinople son propre fils âgé de dix-huit à vingt ans, qui avait été curieux de visiter le pays, et que, suivant toute apparence, l'interprète s'était fait adjoindre en qualité de second. Comme ils mettaient le pied dans la bourgade royale d'Attila, ils furent saisis tous les deux et traînés devant le roi ; leurs bagages saisis également furent fouillés sous ses yeux, et l'on y trouva la bourse avec les cent livres d'or bien pesées. À cette vue, Attila feignit la surprise et demanda à l'interprète ce qu'il voulait faire de tout cet or ? Celui-ci répondit sans embarras qu'il le destinait à l'entretien de sa suite et au sien, à l'achat de chevaux et de bêtes de somme dont il voulait faire provision pour ses missions, car il en avait perdu beaucoup sur les routes, et enfin à la rançon d'un grand nombre de captifs romains dont les familles l'avaient pris pour mandataire. La patience d'Attila n'y tint plus. « Tu mens, méchante bête ! s'écria-t-il d'une voix tonnante, mais tes mensonges ne tromperont personne ; ils ne t'arracheront pas au châtiment que tu as mérité. Non, ce n'est pas pour ton entretien, ce n'est ni pour l'achat de chevaux et de mulets, ni pour la rançon de prisonniers romains que tu t'es muni d'une pareille somme ; tu savais bien d'ailleurs que j'avais interdit absolument tout commerce, tout emploi d'argent dans mes états de la part des étrangers, lorsque tu étais ici avec Maximin. » A ces mots, il fit amener par ses gardes le fils de l'interprète et déclara qu'il allait lui faire passer une épée au travers du corps, si le père ne confessait pas à l'heure même à quel usage et à quel but étaient destinées ces cent livres d'or. Vigilas, voyant son fils sous les épées nues, devint comme fou, et, tendant ses bras suppliants tantôt du côté des bourreaux, tantôt du côté d'Attila, il criait d'une voix déchirante : « Ne tuez pas mon fils, mon fils ignore tout ; il est innocent, et moi je suis le seul coupable. » Alors il déroula de point en point la trame ourdie entre Chrysaphius et lui, comment l'idée de l'assassinat était venue au grand eunuque et avait été approuvée d'Édécon, comment l'empereur en avait fait part à ses conseillers et comment lui, Vigilas, à l'insu du reste de l'ambassade, avait été chargé de préparer l'exécution du complot, son entrevue avec Édécon le jour de son départ et tout ce qui s'était passé à Constantinople. Pendant qu'il parlait, Attila l'écoutait avec l'attention d'un juge et comparait dans ses souvenirs les détails qu'il entendait de la bouche de cet homme avec les révélations que lui avait faites Édécon, et il resta convaincu que l'interprète disait la vérité. S'adoucissant peu à peu, il commanda de lâcher le fils et de tenir le père en prison jusqu'à ce qu'il eût disposé de son sort, de quelque manière que ce fût. On chargea de chaînes Vigilas et on le traîna dans un cachot. Quant au fils, Attila trouva bon de le renvoyer à Constantinople chercher une seconde fois cent livres d'or. « Obtiens cette somme, lui dit-il, car c'est le prix des jours de ton père, » et il fit partir en même temps que lui Oreste et Esla chargés d'instructions particulières pour l'empereur.

Ils arrivèrent à l'audience de Théodose, qui connaissait déjà par le bruit public la déconvenue de ses projets, et n'attendait pas sans anxiété le nouveau message du roi des Huns. Les envoyés se présentèrent au pied de son trône dans l'accoutrement le plus singulier, mais auquel personne n'osa trouver à redire. Oreste portait pendue à son cou la même bourse de cuir dans laquelle les cent livres d'or avaient été renfermées, et Esla, placé près de lui, après avoir demandé à Chrysaphius s'il reconnaissait la bourse, adressa ces paroles à l'empereur : Attila, fils de Moundzoukh, et Théodose sont tous deux fils de nobles pères ; Attila est resté digne du sien, mais Théodose s'est dégradé, car, en payant tribut à Attila, il s'est déclaré son esclave. Or voici que cet esclave méchant et pervers dresse un piège secret à son maître ; il ne fait donc pas une chose juste, et Attila ne cessera point de proclamer hautement son iniquité qu'il ne lui ait livré l'eunuque Chrysaphius pour être puni suivant ses mérites. »

On ne s'attendait pas cette conclusion. Théodose avait pu se résigner à toutes les humiliations que son crime découvert pouvait faire pleuvoir sur lui ; mais les eunuques n'étaient point décidés à se laisser enlever le pouvoir, ni Chrysaphius à livrer sa tête : tout fut donc en rumeur dans le palais. Ce qui préoccupa surtout l'empereur, ce fut de sauver son chambellan ; toutes les mesures adoptées tendirent à ce but. Les dernières entraves que la politique byzantine opposait encore à l'orgueil d'Attila furent levées sans hésitation : il voulait avoir des ambassadeurs

121

consulaires, on lui en donna ; il avait désigné les patrices Anatolius et Nomus, parce qu'il n'y avait pas de plus grands seigneurs dans l'empire : on lui envoya Anatolius et Nomus. On le traita comme on traitait le souverain de l'empire des Perses, le grand roi. On s'occupa même de Constancius, qui reçut de la main de l'empereur une veuve très riche en remplacement de sa fiancée, mariée à un autre. Aucune concession, aucune bassesse ne furent épargnées. La gloriole d'Attila était satisfaite, et il alla par honneur au-devant des hauts personnages qu'on lui députait ; toutefois il leur parla un langage dur, le langage d'un homme irrité. Ils apportaient de riches présents qui parurent l'adoucir ; ils apportaient aussi beaucoup d'argent : Attila prit tout. Il délivra Vigilas, qu'il regardait comme un coupable trop infime pour sa vengeance ; il ne réclama plus la zone riveraine du Danube, qu'il possédait de fait, sinon de droit ; il ne dit plus rien des transfuges, il élargit même sans rançon un grand nombre de prisonniers romains ; mais il exigea la tête de Chrysaphius. Sur ce point, il fut inflexible.

L'année 450 commença sous ces auspices. Les contingents des tribus hunniques arrivaient en masse sur les bords du Danube ; des armements s'opéraient chez les nations vassales de ces hordes, les Ostrogoths, les Gépides, les Hérules, les Ruges, et l'on annonçait que les Acatzires étaient en marche. L'inquiétude gagna l'empire d'Occident non moins que celui d'Orient : non-seulement l'affaire de Sylvanus restait sans conclusion, mais il était survenu depuis d'autres embarras plus graves ; les conjonctures étaient menaçantes. Enfin deux messagers goths, partis de la Hunnie, se présentèrent, le même jour et à la même heure, devant les empereurs Théodose et Valentinien ; ils étaient chargés de dire à l'un et à l'autre : « Attila, mon maître et le tien, t'ordonne de lui préparer un palais, car il va venir ! »

## Chapitre III

## ATTILA DANS LES GAULES.

### I. – INVASION DE LA GAUCHE - SAINTE GENEVIEVE.

On dirait qu'il existe dans les masses populaires un instinct politique qui leur fait pressentir les catastrophes des sociétés, comme un instinct naturel annonce d'avance à tous les êtres l'approche des bouleversements physiques. L'année 451 fut pour l'empire romain d'Occident une de ces époques fatales que tout le monde attend en frémissant, et qui apportent leurs calamités pour ainsi dire à jour fixe. Les prédictions, les prodiges, les signes extraordinaires, cortège en quelque sorte obligé des préoccupations générales, ne manquèrent point à cette année de malheur. L'histoire nous parle de commotions souterraines qui ébranlèrent en 450 la Gaule et une partie de l'Espagne : la lune s'éclipsa à son lever, ce qui était regardé comme un présage sinistre ; une comète d'une grandeur et d'une forme effrayantes parut à l'horizon du côté du soleil couchant, — et du côté du pôle, le ciel se revêtit pendant plusieurs jours de nuages de sang au milieu desquels des fantômes armés de lances de feu se livraient des combats, imaginaires. C'étaient là des prophéties pour le vulgaire superstitieux ; les âmes pieuses en cherchaient d'autres dans la religion. L'évêque de Tongres, Servatius, alla consulter à Rome les apôtres Pierre et Paul sur leurs tombeaux, afin de savoir de quels maux la colère divine menaçait son pays et quel moyen il y avait de les conjurer ; il lui fut répondu que la Gaule serait livrée aux Huns et que toutes ses villes seraient détruites, mais que lui, pour prix de la foi qui l'avait amené, il mourrait sans avoir vu ces affreux spectacles. Quant aux esprits politiques, ils découvraient des signes de ruine plus infaillibles encore dans l'état d'ébranlement du monde occidental, tout près de se dissoudre, et qui semblait ne plus se soutenir que par l'épée d'Aëtius.

Si l'action directe des Huns s'était fait sentir moins violemment à l'empire d'Occident qu'à celui d'Orient, en revanche le premier avait plus souffert du contre-coup de leurs batailles. La seule présence de ces Barbares dans la vallée du Danube avait fait pleuvoir jusqu'au fond de l'Europe et jusqu'en Afrique les dévastations de la guerre. Les populations qu'ils déplaçaient et chassaient devant eux avaient presque toutes pris le chemin de la Gaule. Les Alains, les Vandales et les Suèves, entrés dans cette province en 406, la ravagèrent pendant quatre ans pour se reverser de là sur l'Espagne et sur les villes de l'Afrique. Trouvant la brèche faite sur le Rhin, les Burgondes envahirent l'Helvétie, puis la Savoie, et plusieurs des tribus Frankes qui habitaient au nord de ce fleuve se transportèrent au midi, le long de la Meuse, dans une portion de la zone qu'on appelait la *Rive, Ripa*, et qui leur fit donner le nom de Franks-Ripuaires. Rome était contrainte d'accepter comme *hôtes* les envahisseurs qu'elle n'avait pas la force de repousser, et le nord des Gaules vit s'ajouter deux nouveaux peuples fédérés aux Franks Saliens, cantonnés dans la Toxanderie depuis cent ans. L'établissement du peuple visigoth en Aquitaine et l'existence d'un royaume barbare qui minait la Gaule intérieurement étaient encore un fruit de l'arrivée des Huns en Europe. Fugitifs devant Balamir, reçus par pitié en Pannonie, où ils s'étaient faits bientôt maîtres, les Visigoths avaient parcouru en dévastateurs la Grèce et l'Italie sous la conduite d'Alaric, puis, traversant les Alpes occidentales sous celle d'Ataülf, ils avaient arraché à la faiblesse du gouvernement romain un riche et fertile pays, où ils espéraient bien être pour jamais délivrés des fils des sorcières. Deux hordes de fédérés Alains, restes de l'invasion de 406, en occupaient quelques cantons déserts : l'une aux environs de Valence, l'autre sur la rive gauche de la Loire, dont elle gardait les passages. Ces fils du Caucase y promenaient, la lance en main, leurs maisons roulantes et leurs troupeaux, continuant la vie des steppes de l'Asie dans les plaines de la Touraine et de l'Orléanais.

Ainsi donc le morcellement de la Gaule entre cinq peuples fédérés, l'Espagne à moitié conquise, l'Afrique perdue, l'île de Bretagne séparée du gouvernement de l'Italie, voilà le tableau que présentait, en 451, l'empire romain occidental. Il faut joindre à ces morcellements celui de la Bretagne armoricaine, qui, à l'exemple de la grande île du même nom, et par l'impulsion de Bretons fugitifs, s'était constituée en état indépendant sous des chefs nationaux. La guerre étrangère avait produit dans toutes ces contrées une misère inexprimable, et la misère à son tour avait produit la guerre civile. Des insurrections de paysans, auxquelles on donnait le nom de *bagaudes*, ne cessèrent pas de troubler la Gaule et l'Espagne depuis 435 jusqu'en 443, et, toute comprimée qu'elle était par la main vigoureuse d'Aëtius, la bagaudie ne semblait point éteinte. Ses chefs, dans les rangs desquels on comptait des mécontents de toutes les conditions et beaucoup de jeunes gens perdus de dettes, poursuivaient leurs projets dans l'ombre. On eût dit qu'ils attendaient aussi, pour combler la somme des malheurs publics, cette terrible année 451, objet de tant de frayeurs, et, pour ne se pas fier au seul hasard des événements, un des principaux d'entre eux, le médecin Eudoxe, « homme d'une grande science, mais d'un esprit pervers, » nous disent les chroniques contemporaines, s'enfuit, en 448, chez les Huns. Là sans doute il ne manqua pas d'exciter Attila à porter la guerre en Gaule, lui promettant pour sa part l'appui des brigands, des esclaves et des paysans révoltés.

Deux événements, l'un heureux, l'autre malheureux, augmentèrent le malaise des esprits, en ajoutant au trouble des maux prévus les chances imprévues d'une révolution de palais. Théodose mourut, le 28 juillet 450, d'une chute de cheval, et trois mois après ce fut le tour de Placidie, qui continuait à gouverner l'empire d'Occident pour son fils Valentinien III, alors âgé de trente et un ans. La mort de Théodose, suivie de l'exécution de Chrysaphius, fut un grand bien pour l'Orient ; mais celle de Placidie, en émancipant Valentinien, attira sur l'Occident des désastres sans remède. Suivant son habitude de faire marcher la politique avant les armes, Attila voulut sonder les nouveaux princes, et il commença par celui d'Orient. Comme il n'avait plus à demander là tête de Chrysaphius, que se disputait la populace de Constantinople, il réclama simplement le tribut consenti par Théodose ; mais le nouvel empereur, nommé Marcien, vieux soldat illyrien de la race énergique des Probus et des Claude, répondit qu'il avait de l'or pour ses amis, et du fer pour ses ennemis. Cette réponse, appuyée par des levées de troupes et par de bonnes mesures de défense, arrêta court Attila, qui tourna ses regards du côté de l'Occident.

De ce côté, il pouvait employer une arme terrible qu'il tenait en réserve depuis quinze années, attendant patiemment que l'occasion vînt de s'en servir, et après le décès de Placidie il crut cette occasion venue. Il y avait en effet quinze ou seize ans que la propre sœur de Valentinien III, Honoria, fille de Placidie et petite-fille du grand Théodose, dans un accès de folie romanesque ou de vengeance contre sa famille, qui la condamnait au célibat, avait envoyé un anneau de fiançailles au fils de Moundzoukh, monté récemment sur le trône des Huns. Attila, comme tous les Orientaux, n'aimait que les femmes retenues et modestes : il laissa la proposition d'Honoria sans réponse, mais il garda son anneau. Celle-ci, irritée de ce dédain ou peu constante dans ses goûts, ourdit avec son intendant Eugénius une intrigue plus sérieuse dont le scandale la perdit. Sa mère la fit enfermer d'abord à Constantinople, puis à Ravenne. Les années s'écoulèrent, et jamais le roi hun, dans ses relations fréquentes avec l'empire d'Occident, n'avait paru se souvenir qu'il y possédait une fiancée ; jamais il n'avait fait la moindre allusion à des droits sur Honoria ou sur sa dot, lorsque tout à coup Valentinien reçut de lui un message par lequel il réclamait l'une et l'autre. Il venait d'apprendre avec grande surprise, disait-il, que sa fiancée Honoria subissait à cause de lui des traitements ignominieux, et qu'on la détenait même en prison. Ne voyant pas que le choix qu'elle avait fait eût rien de déshonorant pour l'empereur, il exigeait d'abord sa mise en liberté, puis la restitution de la part qui lui revenait dans l'héritage de son père. Cette part, suivant lui, c'était la moitié des biens personnels du dernier auguste Constancius et la moitié de l'empire d'Occident.

L'histoire gardant le silence sur les aventures de la princesse Honoria postérieurement à sa captivité, nous ignorons si on l'avait mariée alors pour couvrir son déshonneur, ou si on le fit seulement à la réception du message, afin d'opposer aux prétentions du roi hun une raison péremptoire : en tout cas, Honoria se trouva mariée, et Valentinien put répondre que « sa sœur ayant déjà un mari, il ne pouvait être question de l'épouser, attendu que la loi romaine n'admettait pas la polygamie, comme faisait la loi des Huns ; que d'ailleurs sa sœur, fût-elle libre, n'aurait rien à prétendre dans la succession de l'empire, attendu encore que, chez les Romains, les femmes ne régnaient pas, et que l'empire ne constituait point un patrimoine de famille. » Attila, qui ne discutait jamais les raisons par lesquelles on combattait sa volonté, persista purement et simplement dans sa double réclamation, et, afin de prouver à tous les yeux la sincérité de ses paroles, il envoya à

Ravenne l'anneau qu'il tenait d'Honoria. On était dans la plus grande vivacité de ces débats, lorsque tout à coup Attila les rompit et parut les avoir totalement oubliés. Loin de montrer vis-à-vis de Valentinien ni aigreur ni souvenir pénible, il ne le traitait plus qu'avec une affection tout expansive. « L'empereur, à l'en croire, ne possédait pas d'ami plus sûr que lui, ni l'empire de serviteur plus dévoué ; son bras, ses armées, toute sa puissance, étaient au service des Romains, et il ne désirait rien plus qu'une occasion d'en fournir la preuve. » Cette subite chaleur d'amitié de la part d'Attila n'effraya guère moins la cour de Ravenne que ses derniers éclats de colère ; on sentit bien en effet que cette nouvelle politique révélait un nouveau danger.

Carthage et l'Afrique étaient alors sous la domination d'un homme comparable au roi des Huns par sa laideur et son génie, — Genséric, roi des Vandales. Ce qu'Attila avait accompli avec tant de promptitude et de bonheur sur les Barbares de l'Europe non romaine, Genséric le tentait pour les Barbares cantonnés dans l'empire ; il avait entrepris de les réunir tous en un seul corps soumis à une même discipline politique, à une même communion religieuse, l'arianisme, et toujours prêt à soutenir, pour toute chose et en tout lieu, le drapeau barbare contre le drapeau romain. Pour la réussite de ce projet, il avait marié son fils Huneric à la fille de Théodoric, roi des Visigoths ; mais, ne rencontrant point dans cette alliance les avantages qu'il en avait espérés, il prit sa belle-fille en haine : un jour, sur le simple soupçon qu'elle avait voulu l'empoisonner, il lui fit couper les narines, et la renvoya, en Gaule, à son père, ainsi horriblement défigurée. Réfléchissant alors aux conséquences d'un pareil outrage et ne doutant point que, pour se venger, Théodoric ne formât contre lui quelque ligue avec les Romains, il rechercha l'alliance d'Attila. De riches présents le firent bien venir du roi des Huns. Comme deux éperviers qui accommodent leur vol pour fondre ensemble sur la même proie, ils se concertèrent pour assaillir l'empire romain à la fois par le nord et par le midi. Genséric projetait déjà sans doute cette descente en Italie qu'il exécuta quatre ans plus tard ; Attila se chargea des Visigoths et de la Gaule.

D'autres raisons engageaient encore le roi hun à porter la guerre au midi du Rhin. Le chef d'une des principales tribus Frankes établies sur la rive droite de ce fleuve, dans la contrée arrosée par le Necker, était mort en 446 ou 447, laissant deux fils qui se disputèrent son héritage, et divisèrent entre eux la nation. L'aîné ayant demandé l'assistance d'Attila, le second se mit sous la protection des Romains. Aëtius l'adopta comme son fils, suivant une pratique militaire alors en usage, et qui nous montre déjà au Ve siècle les premières lueurs de la chevalerie naissante ; puis il l'envoya, comblé de cadeaux, à Rome, vers l'empereur, pour y conclure un traité d'alliance. C'est là que Priscus le vit. « Aucun duvet, dit-il, n'ombrageait encore ses joues ; mais sa chevelure blonde flottait en masses épaisses sur ses épaules. » Aëtius, on peut le croire, parvint sans peine à installer son protégé sur le trône des Franks du Necker ; mais le frère banni ne cessa point d'aiguillonner l'ambition d'Attila, au succès de laquelle il attachait lui-même son triomphe. Ainsi tout concourait à pousser le roi des Huns vers la Gaule, et les exhortations de Genséric, et les instances du prince chevelu qui devait lui livrer le passage du Rhin, et jusqu'à celles du médecin Eudoxe, cet odieux chef de bagaudes qui lui promettait d'autres fureurs pour servir d'auxiliaires aux siennes. Sous l'empire de ces nouvelles préoccupations, il oublia pour la seconde fois sa fiancée, et prit vis-à-vis de l'empereur Valentinien ce langage doux et humble dont celui-ci craignait de savoir la cause.

Il ne tarda pas à la connaître. Attila l'informa par un nouveau message qu'il avait avec les Visigoths une querelle dont il l'invitait à ne se point mêler. « Les Visigoths, disait-il, étaient des sujets échappés à la domination des Huns, mais sur lesquels ceux-ci n'avaient point abandonné leurs droits. D'ailleurs n'étaient-ils pas aussi pour l'empire des ennemis dangereux ? Après avoir rempli l'Orient et l'Occident de leurs pillages, observaient-ils fidèlement leurs obligations dans les cantonnemens qu'ils tenaient de la munificence des Romains ? Loin de là, ils vivaient à leur égard dans un état de guerre perpétuelle. Attila se chargeait de les châtier au nom des Romains comme au sien. » Valentinien eut beau lui faire observer qu'il n'était point en guerre avec les Visigoths, et que, s'il y était, il ne chargerait personne de sa vengeance ; que les Visigoths vivant en Gaule sous l'abri de l'hospitalité romaine, vouloir les attaquer, c'était attaquer l'empire, et qu'enfin Attila n'arriverait point jusqu'à eux sans bouleverser de fond en comble les états d'un prince dont il se disait le serviteur. Le roi hun n'en fit pas moins à sa guise, et déclara qu'il allait partir ; mais, en même temps qu'il tâchait d'endormir Valentinien par des flatteries, il mandait à Théodoric de ne se point inquiéter, qu'il n'entrait en Gaule que pour briser le joug des Romains et partager le pays avec lui. Ces feintes assurances d'amitié parvinrent au roi goth en même temps qu'une lettre de la chancellerie impériale ainsi conçue : « Il est digne de votre prudence, ô le plus courageux des Barbares, de conspirer contre le tyran de l'univers, qui veut forcer le monde entier à plier sous lui, qui ne s'inquiète pas des motifs d'une guerre, mais regarde comme légitime tout ce qui lui plaît. C'est à la longueur de son bras qu'il mesure ses entreprises ;

c'est par la licence qu'il assouvit son orgueil. Sans respect du droit ni de l'équité, il se conduit en ennemi de tout ce qui existe… Fort par les armes, écoutez vos propres ressentiments ; unissons en commun nos mains ; venez au secours d'une république dont vous possédez un des membres. » On dit qu'à la lecture de ces dépêches contradictoires Théodoric, vivement troublé, s'écria : « Romains, vos vœux sont donc accomplis ; vous avez donc fait d'Attila, pour nous aussi, un ennemi ! » Il donna aux messagers de Valentinien de vagues paroles d'assistance ; mais il se promit bien de laisser les Romains vider seuls cette querelle, et d'attendre dans son cantonnement qu'il plût aux Huns de l'y venir attaquer. Cependant Attila disposait en toute hâte ses troupes pour leur entrée en campagne. Il ne parlait toujours que des Visigoths, et les apparences semblaient démontrer qu'une invasion de la Gaule était son véritable but ; mais telles étaient l'idée qu'on se faisait de son astuce et la défiance qu'on avait de ses paroles, qu'Aëtius, incertain lui-même si cette démonstration ne cachait pas un piège, n'osa pas quitter l'Italie.

L'histoire nous a laissé le funèbre dénombrement de cette armée dont les masses encombraient non-seulement les abords du Danube, mais les campagnes environnantes. Jamais, depuis Xercès, l'Europe n'avait vu un tel rassemblement

135

de nations connues ou inconnues ; on n'y comptait pas moins de cinq cent mille guerriers. L'Asie y figurait par ses plus hideux et plus féroces représentants : le Hun noir et l'Acatzire, munis de leurs longs carquois, l'Alain avec son énorme lance et sa cuirasse en lames de corne, le Neure, le Belionote, le Gélon, peint et tatoué, qui avait pour arme une faux, et pour parure une casaque de peau humaine. Des plaines sarmatiques étaient venues sur leurs chariots les tribus basternes, moitié slaves, moitié asiatiques, semblables aux Germains par l'armement, aux Scythes par les mœurs, et polygames comme les Huns. La Germanie avait fourni ses nations les plus reculées vers l'ouest et le nord : le Ruge des bords de l'Oder et de la Vistule, le Scyre et le Turcilinge, voisins du Niémen et de la Düna, noms alors obscurs, mais qui devaient bientôt cesser de l'être ; ils marchaient armés du bouclier rond et de la courte épée des Scandinaves. On voyait aussi Mérule, rapide à la course, invincible au combat, mais cruel et la terreur des autres Germains, qui finirent par l'exterminer. Ni l'Ostrogoth ni le Gépide ne manquaient à l'appel ; ils étaient là avec leur infanterie pesante, si redoutée des Romains. Le roi Ardaric commandait les Gépides ; trois frères du sang des Amales, Valamir, Théodemir et Vidémir, se montraient en tête des Ostrogoths. Quoique la royauté fût par élection dans les mains de Valamir l'aîné, il avait voulu la partager avec ses frères, qu'il aimait tendrement. Les chefs de cette fourmilière de tribus, tremblants devant Attila, se tenaient à distance, comme ses appariteurs ou ses gardes, le regard fixé sur lui, attentifs au moindre signe de sa tête, au moindre clignement de ses yeux : ils accouraient alors prendre ses ordres, qu'ils exécutaient sans hésitation et sans murmure. Il en était deux qu'Attila distinguait particulièrement au milieu de cette tourbe, et qu'il appelait à tous ses conseils : c'étaient les deux rois des Gépides et des Ostrogoths. Valamir apportait dans ses avis une franchise, une discrétion et une douceur de langage qui plaisaient au roi des Huns ; Ardaric, une rare prudence et une fidélité à toute épreuve. Telle était cette armée, qui semblait avoir épuisé le monde barbare, et qui cependant n'était pas encore complète. Le déplacement de tant de peuples fit comme une révolution dans la grande plaine du nord de l'Europe ; la race slave descendit vers la mer Noire pour y reprendre les campagnes abandonnées par les Ostrogoths, et qu'elle avait jadis possédées ; l'arrière-ban des Huns noirs et l'avant-garde des Huns blancs, Avares, Bulgares, Hungares, Turks, firent un pas de plus vers l'Europe. Les dévastateurs de tout rang, les futurs maîtres de l'Italie, les remplaçants des césars d'Occident, se trouvaient là pêle-mêle, chefs et peuples, amis et ennemis. Oreste put y rencontrer

Odoacre, simple soldat turcilinge, et le père du grand Théodoric, l'Ostrogoth Théodemir, était un des capitaines d'Attila : toutes les ruines du monde civilisé, toutes les grandeurs prédestinées du monde barbare semblaient faire cortège au génie de la destruction.

Pour arriver sur les bords du Rhin, comme il le fit, dans les premiers jours de mars, Attila dut se mettre en marche dès le mois de janvier. Il divisa son armée en deux corps, dont l'un suivit, sur la rive droite du Danube, la route militaire qui desservait les forts et châteaux romains, et les rasa tous à son passage, tandis que l'autre, remontant la rive gauche, s'incorporait, chemin faisant, ce qu'il restait de Quades et de Marcomans dans les Carpathes occidentales, et de Suèves dans la Montagne Noire. Réunies près des sources du Danube, les deux colonnes s'arrêtèrent à proximité de vastes forêts qui pouvaient leur fournir tous les matériaux nécessaires à leur transport en Gaule. Les Franks des bords du Necker, à l'approche d'Attila, chassèrent probablement ou tuèrent le jeune roi qu'ils tenaient des Romains, pour prendre l'autre prince chevelu qui leur arrivait sous un patronage si respectable ; mais ce ne fut pas tout, ils se rangèrent avec lui sous les étendards des Huns. Les tribus de la Thuringe en firent autant ; les Burgondes trans-rhénans eux-mêmes, oubliant leurs anciens griefs contre le roi Octar, devinrent soldats d'Attila. Tout en se recrutant ainsi de nouveaux auxiliaires, l'armée hunnique faisait ses préparatifs pour franchir le Rhin. La vieille forêt hercynienne, qui avait vu César et Julien, devint le chantier d'Attila ; ses chênes séculaires et ses aulnes tombés par milliers sous la hache, fabriqués en barques grossières, allèrent relier les deux rives du fleuve par des ponts mobiles. Tout indique qu'Attila fit jeter plusieurs de ces ponts et opérer le passage sur plusieurs points en même temps, soit afin d'éviter l'encombrement, soit pour que le pays pût nourrir les hommes et les chevaux, une fois passé. La division la plus orientale traversa le Rhin près d'*Augusta*, Augst, métropole des Rauraques, et prit ensuite la route d'étape des légions entre le fleuve et le pied des montagnes des Vosges. Attila, autant qu'on peut l'induire des circonstances de sa marche, choisit, un peu au-dessous du confluent de la Moselle, le lieu de passage ordinaire des armées romaines ; puis, suivant avec ses troupes la chaussée qui conduisait du port de débarquement à Trèves, il s'installa dans l'ancienne métropole des Gaules, au milieu des horreurs d'un sac.

Malgré le caractère très significatif de ce début, Attila, fidèle au plan qu'il s'était tracé, fit proclamer dans toute la Gaule qu'il venait en ami des Romains, et seulement pour châtier les Visigoths, ses sujets fugitifs et les ennemis de Rome ; que les Gaulois eussent donc à bien recevoir leur libérateur et un des généraux de leur empire. Ses paroles, toutes de bienveillance, concordaient avec ses proclamations. C'était un spectacle à la fois risible et effrayant que ce Calmouk, général romain, recevant les curiales des cités, assis sur son escabeau, et les haranguant en mauvais latin pour leur persuader de lui ouvrir leurs portes. Quelques villes le firent ; d'autres essayèrent de résister : toutes furent traitées de la même façon. Incapables de soutenir un choc pareil, les faibles garnisons romaines se réfugiaient dans les places garnies de bonnes murailles, ou faisaient retraite de proche en proche jusqu'à la Loire, qui devint le lieu général de ralliement. De tous les Barbares fédérés, les Burgondes seuls osèrent livrer bataille. Quand la division orientale des Huns traversa la frontière de l'Helvétie pour gagner la route de Strasbourg, ils l'attaquèrent sous la conduite de Gondicaire, leur roi ; mais ils furent battus et mis en déroute : les autres fédérés, ne voyant arriver ni chef ni instructions, suivirent le mouvement rétrograde des garnisons romaines. Les Franks-Ripuaires partirent les premiers. Les Franks-Saliens furent plus lents à se décider, mais enfin ils partirent aussi devant ces masses, contre lesquelles toute résistance isolée était impossible. Leur retraite, gênée par les escarmouches des Huns, présenta tout le désordre d'une fuite. Le jeune Childéric, fils du roi Merwig ou Mérovée, qui gouvernait alors cette nation, fut enlevé avec sa mère par un gros de cavaliers qui les emmenaient déjà en captivité, lorsqu'un noble Frank, nommé Viomade, les délivra au péril de sa vie. Il se mêlait dans cette guerre, où tous les Barbares purs s'étaient rangés du côté d'Attila, et les demi-Barbares du côté de l'empire romain, quelque chose de l'acharnement des guerres sociales. Les Thuringiens, qui vinrent sur le territoire des Franks-Saliens après le départ du roi et de l'armée, exercèrent contre les femmes, les enfants, les vieillards qui restaient, des cruautés inouïes, dont le seul récit exaltait encore au bout de quatre-vingts ans le ressentiment des fils de Clovis.

Ce fut comme une nuée d'insectes dévorants qui s'appesantit sur les deux Germanies et la seconde Belgique. Tout fut pillé, ruiné, affamé. La division orientale, après avoir battu les Burgondes de Gondicaire, avait détruit de fond en comble les villes d'Augst, de Vindonissa et d'Argentuaria, des débris desquelles naquirent plus tard Bâle, Windisch et Colmar ; ses éclaireurs poussèrent même jusqu'à Besançon. Strasbourg, Spire, Worms, Mayence, tombèrent l'une après l'autre aux mains des Huns. À l'aile droite d'Attila, Tongres et Arras eurent le même sort. Un moment le front de l'armée hunnique occupa la Gaule dans toute sa largeur depuis le Jura jusqu'à l'Océan. Quoique Attila vît à regret la prolongation de ces pillages, qui disséminaient ses troupes et lui enlevaient un temps précieux pour l'exécution de son plan de campagne, il les tolérait par nécessité, afin de faire vivre son armée, ou par calcul, afin de l'animer. Lui-même, à son départ de Trèves, vint assiéger Metz, ne voulant pas laisser derrière lui une place si forte, qui dominait les principales routes des Gaules, celles qui mettaient le nord en communication avec le midi, et Trèves et Strasbourg avec la ville métropolitaine d'Arles, résidence actuelle des préfets du prétoire. Cependant, dépourvu de machines suffisantes et inexpert d'ailleurs à de telles opérations, il leva le siège tout découragé, après avoir battu longtemps du bélier les murailles de la ville. Il se trouvait déjà à vingt et un milles plus loin, occupé à détruire le château de Scarpone, lorsqu'il fut informé qu'un pan des murs de Metz s'était écroulé subitement. Sauter à cheval, franchir cette distance et accourir sur la brèche, ce fut pour les Huns l'affaire de quelques heures. Ils arrivèrent en pleine nuit, la veille de Pâques, qui tombait cette année-là au 8 avril. L'évêque s'était retiré dans l'église avec son clergé ; il fut épargné et emmené captif, mais ses prêtres furent tous égorgés au pied de l'autel. Les habitants périrent soit par l'épée, soit dans les flammes de leurs maisons, qui furent réduites en cendre ; on rapporte qu'il ne resta debout qu'un oratoire consacré à saint Étienne, premier martyr et diacre. De Metz, Attila se dirigea sur Reims.

La grande et illustre capitale des Rèmes ne lui coûta pas tant de peine à enlever : elle était presque déserte, ses habitants s'étant retirés dans les bois ; mais l'évêque, nommé Nicasius, restait avec une poignée d'hommes courageux et fidèles pour attendre ce qu'il plairait à Dieu. Quand il vit, après la rupture des portes, les Barbares se précipiter dans la ville, il s'avança vers eux sur le seuil de son église, entouré de prêtres, de diacres, et suivi d'une troupe de peuple qui cherchait protection près de lui. Revêtu des ornements épiscopaux, l'évêque chantait d'une voix forte ce verset d'un psaume de David : « Mon âme a été comme attachée à la terre ; Seigneur, vivifie-moi selon ta parole. » Un violent coup d'épée trancha dans son gosier la sainte psalmodie, et sa tête roula à terre près de son cadavre. Nicasius avait une sœur d'une grande beauté, nommée Eutropie, qui, craignant d'être en butte aux brutalités de ces Barbares, frappa le meurtrier au visage, et se fit percer de coups à côté de son frère. Ce ne fut là que le prélude des massacres ; mais, la basilique sur le seuil de laquelle ils se passaient ayant retenti d'un bruit soudain et inconnu, les Huns effrayés s'enfuirent, laissant là leur butin, et quittèrent bientôt la ville. Le lendemain, les habitants reprirent possession de leurs maisons désolées, et, recueillant les restes de ceux qu'ils considéraient comme des martyrs, ils élevèrent un monument à leur pasteur, que l'église honore encore aujourd'hui sous le nom de saint Nicaise.

Ce sont les légendes nui nous donnent ces indications et nous apprennent également la ruine de Laon et celle de la ville des Veromandues, Augusta, aujourd'hui Saint-Quentin. Ces actes, comme de raison, nous entretiennent plus longuement des malheurs des évêques et de leur clergé que de ceux des habitants laïques des villes saccagées, préférence qui ne tient pas seulement à la nature des documents dont nous parlons, mais qui a sa cause profonde dans les faits mêmes de l'histoire. Au milieu de la désorganisation politique produite par tant de calamités, les magistrats civils et militaires faisaient souvent défaut : les curiales désertaient pour ne point subir les avanies du fisc ou les réquisitions de l'ennemi ; mais l'évêque demeurait, enchaîné à son troupeau par un lien spirituel. C'était donc lui que les Barbares trouvaient toujours en face d'eux, comme le seul fonctionnaire qui représentât la hiérarchie romaine ; c'était lui seulement que les citoyens pouvaient invoquer comme leur conseil et leur guide. Des lois nées des besoins du temps conféraient à l'évêque des attributions civiles qui en firent peu à peu un véritable magistrat et le premier de la cité ; mais la force des choses lui en conférait bien d'autres : elle faisait de lui, suivant les cas, un *duumvir*, un préfet, un intendant des finances, un général d'armée. Cet état de choses, mal compris par les siècles suivants, donna lieu à cette multitude de martyrs que mentionnent les légendaires dans les guerres barbares du Ve siècle, tout évêque mis à mort étant naturellement à leurs yeux mis à mort pour sa foi. En ce qui concerne la guerre des Huns, nous admettrons comme certain que les profanations s'y mêlèrent souvent aux massacres, et la dérision du nom de Dieu au mépris de l'humanité : nous pouvons supposer même que certains peuples germains vassaux des Huns, tels que les Ruges, les Seyres, les Turcilinges, qui arrivaient avec les passions féroces de l'odinisme, déployaient dans l'occasion contre les prêtres chrétiens une haine fanatique ; mais Attila n'avait point des instincts persécuteurs, et sa guerre à la société romaine ne fut pas marquée au coin d'une guerre au christianisme. Tchinghiz-Khan et Timour en agissaient ainsi, et le premier recommandait expressément à ses enfants de ne se point mêler de la croyance religieuse des peuples vaincus. On aperçoit déjà cette politique des conquérants mongols dans la conduite d'Attila.

Cependant la Gaule entière, mais surtout les provinces de Belgique, étaient dans l'épouvante. Tout fuyait ou se disposait à fuir devant cette tempête de nations que précédait l'incendie et que suivait la famine. Chacun se hâtait de mettre ses provisions, son or, ses meubles à l'abri ; les habitants des petites villes couraient se renfermer dans les grandes sans y trouver plus de sécurité ; les habitants de la plaine émigraient vers la montagne ; les bois se peuplaient de paysans qui s'y disputaient les tanières des bêtes fauves ; les riverains de la mer et des fleuves, mettant à l'eau leurs navires, se tenaient prêts à transporter leurs familles et leurs biens sur le point qui leur paraîtrait le moins menacé. C'est ce que firent les citoyens de la petite ville de Lutèce. Lutèce ou *Parisii*, Paris, suivant l'usage qui avait alors prévalu de donner aux villes le nom de la peuplade dont elles étaient le chef-lieu, bourg obscur du temps de Jules César, était devenue une cité assez importante depuis Constance Chlore. Cet empereur et ses successeurs, trouvant le séjour de Trèves trop exposé aux coups de main des Barbares, avaient cherché plus au midi un lieu de repos pour eux, et d'exercice pour leurs troupes pendant la saison d'hiver ; ils l'avaient fixé tantôt à Reims, tantôt à Sens, et tantôt à Paris. Un camp fortifié, des arsenaux, un palais, un amphithéâtre, des temples, en un mot tout ce qui constituait un grand établissement militaire et une résidence impériale avait été construit successivement par ces empereurs sur la rive gauche de la Seine, et hors de la cité, qui était renfermée tout entière dans une île du fleuve. Julien avait pris ce lieu en affection, et y passa plusieurs

146

hivers. C'est là qu'une émeute de soldats l'éleva en 360 du rang de césar à celui d'auguste, et qu'en 383 une autre émeute en renversa Gratien. Cependant l'importance commerciale de la petite ville avait marché de pair avec son importance politique : elle était devenue l'entrepôt de tout le commerce entre la haute et la basse Seine. En d'autres circonstances, sa population de mariniers, célèbre dès le temps de Tibère, aurait songé à faire respecter son île, que protégeaient doublement les bras profonds du fleuve et une haute muraille flanquée de tours ; mais la terreur panique qui précédait Attila énervait les plus braves, et ne montrait aux peuples qu'un seul moyen de salut, la fuite. Les Parisiens avaient donc tenu conseil et résolu de ne point attendre l'ennemi. Déjà se faisaient les apprêts d'une émigration générale : toutes les barques étaient à flot. On ne voyait que meubles entassés sur les places, que maisons désertes et nues, que troupes d'enfants et de femmes qui allaient dire à leurs foyers un dernier adieu trempé de larmes. Une femme entreprit de les arrêter. Le caractère de cette femme extraordinaire, le genre d'autorité qu'elle exerçait autour d'elle, enfin la juste vénération dont la ville de Paris entoure sa mémoire depuis quatorze siècles, exigent que nous exposions d'abord ici ce qu'elle était, et comment s'étaient écoulés les premiers temps de sa vie.

Elle se nommait Genovefa, mot que nous avons altéré en celui de Geneviève, et, malgré la physionomie toute germanique de son nom, elle était Gallo-Romaine. Son père Severus et sa mère Gerontia habitaient, au moment de sa naissance, le bourg de Nemetodurum, aujourd'hui Nanterre, à trois lieues de Paris ; ils y vivaient sans travailler de leurs mains, et même dans une condition d'aisance assez grande. L'enfance de Geneviève ne se passa point, quoi qu'en dise la tradition populaire, à garder les moutons : douce, maladive, cherchant avant tout le repos, la fille de Severus n'avait pas de plus grand plaisir que de s'enfermer dans une chambre de sa mère pour y prier et y rêver, et, dès qu'elle le pouvait, elle s'échappait à l'église. Son humeur taciturne et solitaire l'isolait des autres enfants, aux jeux desquels on ne la voyait jamais se mêler. À sept ans, elle se dit qu'elle prendrait le voile des vierges chrétiennes sitôt que l'âge en serait venu, et, nonobstant les représentations de ses parents, à qui ce parti déplaisait, ce fut dès-lors chose inébranlable dans son esprit. Il arriva que vers ce temps, c'est-à-dire en 429, Nanterre fut honoré par la visite de deux personnages illustres, Germain, évêque d'Auxerre, et Loup, évêque de Troyes, que le clergé des Gaules envoyait dans l'île de Bretagne comme ses plus éminents docteurs, afin d'y combattre l'hérésie de Pélage, dont la population bretonne et les prêtres même s'étaient laissé infecter. Les deux missionnaires, sur l'invitation des habitants du village, avaient promis d'y prendre gîte pour une nuit. Nanterre était donc dans la joie, et, au jour marqué, hommes, femmes, enfants, revêtus de leurs habits de fête, allèrent attendre leurs hôtes sur la route pour les recevoir et les accompagner à l'église. Au milieu de la foule qui le pressait et l'admirait, Germain remarqua une jeune fille parée des grâces modestes de l'enfance, et dont l'œil vif et brillant semblait jeter une flamme surnaturelle ; il lui fit signe d'approcher, la souleva dans ses bras, et, lui déposant un baiser paternel sur le front, il lui demanda qui elle était. Aux réponses brèves et précises de Geneviève (car c'était elle), à la fermeté de son regard, le vieillard resta pensif ; puis, s'adressant aux parents : « Ne la contrariez pas, leur dit-il, car ou je me trompe bien, ou cette enfant sera grande devant Dieu. » Le lendemain matin, il voulut lui imposer les mains. À partir de ce moment, la vocation de Geneviève fut plus opiniâtre que jamais, son caractère plus réfléchi, ses habitudes plus retirées ; elle ne quittait l'église que pour les pauvres ; à un âge où l'on connaît à peine les occupations sérieuses, sa vie se partageait entre la prière et le soin des malades. L'opposition de ses parents ne fit que s'en accroître, et sa mère un jour s'emporta contre elle jusqu'à lui donner un soufflet ; mais ni mauvais traitements ni menaces ne firent dévier d'un pas cette résolution inflexible. Quand elle eut atteint l'âge de quinze ans, elle se présenta devant l'évêque de Chartres, Julianus, qui lui attacha sur le front le voile des vierges, et, ses parents étant morts peu de temps après, elle se réfugia près de sa marraine, qui habitait Paris.

Ce fut alors que Geneviève donna carrière à sa passion de retraite et d'austérités. On rapporte qu'elle avait fait disposer dans la ruelle de son lit une couche de terre glaise sur laquelle elle s'étendait la nuit ; sa seule nourriture fut longtemps du pain d'orge et de l'eau, et il fallut un ordre de son évêque pour qu'elle y joignît du poisson et du lait ; elle tombait fréquemment dans des extases mêlées de visions. Trois jours durant, on la crut morte, et on allait l'ensevelir, lorsqu'elle rouvrit les yeux et raconta avec des circonstances merveilleuses « comment elle avait été ravie en esprit dans le repos des justes. » Les miracles suivirent les extases, et bientôt on ne parla plus que de la vierge de Nanterre et des prodiges que Dieu opérait par ses mains : paralytiques guéris, aveugles rendus à la lumière, démons mis en fuite ; elle connaissait l'avenir, lisait dans les plus secrètes pensées des hommes et commandait aux éléments ; l'orage, assurait-on, grondait ou se taisait à sa voix. Sa réputation de sainte fut dès-lors bien établie. Cet état de sainteté, manifesté au dehors par le don de prophétie uni au don des miracles, valait à celui qui le possédait une renommée dont le bruit parcourait bientôt toute la chrétienté. Son nom circulait de bouche en bouche ; on colportait le récit de ses actions et de ses discours, de province à province, d'Occident en Orient, des églises romaines aux églises barbares, et ses biographies, écrites avec enthousiasme, étaient lues partout avec avidité. C'est ce qui arrivait à Geneviève. La simple fille dont l'ardente charité s'exerçait dans une petite île de la Seine ne se doutait guère qu'elle était un sujet inépuisable de curiosité jusqu'au fond de la Syrie. Le stylite Siméon, qui passa quarante ans sur une colonne auprès d'Antioche, ne manquait jamais de demander aux visiteurs qui lui venaient d'Occident ce que faisait la prophétesse des Gaules, Genovefa. Mais le mot si vrai de l'Évangile s'accomplissait sur cette prophétesse, à laquelle on croyait au dehors, et qui ne trouvait dans son pays qu'incrédulité et persécution. Beaucoup niaient sa sainteté, et des calomnies habilement répandues firent de Geneviève un objet d'aversion aux yeux du vulgaire. Saint Germain, qui vint la visiter lors de son second voyage chez les Bretons en 447, eut à combattre ces préventions malveillantes, qui finirent par se dissiper. D'Auxerre à Paris, il communiquait avec elle en lui envoyant les *eulogies*, c'est-à-dire quelques fragments du pain qu'il avait béni : naïve correspondance entre ce grand évêque, devant lequel les impératrices s'inclinaient, et l'orpheline dont il avait fait sa fille spirituelle.

Depuis qu'on parlait de l'arrivée prochaine d'Attila, surtout depuis que les ravages de la guerre avaient commencé, Geneviève semblait avoir mis de côté toute autre pensée. Profondément convaincue avec toutes les âmes religieuses de son siècle que les événements de ce monde ne sont qu'un résultat des desseins de Dieu sur les hommes, et qu'ainsi le repentir et la prière, en désarmant la colère divine, peuvent conjurer les calamités qui nous menacent, elle priait nuit et jour sur la cendre, appelant avec larmes le pardon de Dieu sur son pays. De même qu'en d'autres malheurs publics une autre fille des Gaules, — Jeanne d'Arc, Geneviève eut des visions ; elle apprit que la ville de Paris serait épargnée, si elle se repentait, et qu'Attila n'approcherait pas de ses murs. Elle alla donc exhorter ses compatriotes à la pénitence, leur ordonnant de laisser là tous leurs préparatifs de départ ; mais, elle ne reçut des hommes pour toute réponse que des paroles grossières et des marques de dérision. Rebutée de ce côté, elle prit le parti de s'adresser aux femmes.

Les rassemblant donc autour d'elle, elle leur disait en leur montrant de la main leurs maisons déjà vides et leurs rues désertes : « Femmes sans cœur, vous abandonnez donc vos foyers, ces toits sous lesquels vous fûtes conçues et nourries et où sont nés vos enfants, comme si vous n'aviez pas, pour garantir du glaive vous et vos maris, d'autres moyens que la fuite ! Que ne vous adressez-vous au Seigneur, puisant des armes dans la prière et le jeûne, ainsi que firent Esther et Judith ? Je vous prédis, au nom du Très Haut, que votre ville sera épargnée, si vous agissez ainsi, tandis que les lieux où vous croyez trouver votre sûreté tomberont aux mains de l'ennemi, et qu'il n'y restera pas pierre sur pierre. » Ses paroles, ses gestes, son regard d'inspirée, émurent toutes ces femmes, qui la suivirent silencieusement où elle voulut. Il y avait à la pointe orientale de l'île de Lutèce, dans le même emplacement où s'élève aujourd'hui la basilique de Notre-Dame, une église consacrée au proto-martyr saint Étienne. C'est là que Geneviève conduisit son cortège de femmes, à l'aide duquel elle se barricada dans le baptistère, et toutes se mirent à prier. Surpris de l'absence prolongée de leurs femmes, les hommes vinrent à leur tour à l'église, et, trouvant les portes du baptistère fermées, ils demandèrent ce que cela signifiait ; mais les femmes répondirent de l'intérieur qu'elles ne voulaient plus partir. Cette réponse mit les hommes hors d'eux-mêmes. Avant de briser la clôture d'un lien saint, ils tinrent conseil et discutèrent d'abord sur le genre de supplice qu'il convenait d'infliger à la fausse prophétesse, comme ils l'appelaient, à l'esprit de mensonge qui venait les tenter dans leurs mauvais jours. Les uns opinaient pour qu'elle fût lapidée à la porte de l'église, les autres pour qu'on la jetât la tête la première dans la Seine. Ils discutaient tumultueusement, quand le hasard leur envoya un membre du clergé d'Auxerre, qui fuyait l'approche de l'invasion et gagnait probablement la basse Seine, espérant y être plus à l'abri. C'était un diacre qui avait apporté plusieurs fois à Geneviève les *eulogies* de la part de saint Germain. Au nom de l'évêque mort depuis trois ans, il les réprimanda, les fit rougir de leur barbarie, et, les exhortant à suivre un conseil où il reconnaissait le doigt de Dieu : « Cette fille est sainte, leur dit-il, obéissez-lui. » Les Parisiens se laissèrent persuader et restèrent. Geneviève avait bien vu. Les bandes d'Attila, ralliées entre la Somme et la Marne, n'approchèrent point de Paris, et cette ville dut sa conservation à l'obstination courageuse d'une pauvre et simple fille. Si ses habitants se fussent alors dispersés, bien des causes auraient pu empêcher leur retour, et, selon toute apparence, la petite ville de Lutèce, réservée à de si hautes destinées, serait devenue, comme tant de cités gauloises plus importantes qu'elle, un désert dont l'herbe et les eaux recouvriraient aujourd'hui les ruines, et où l'antiquaire chercherait peut-être une trace de l'invasion d'Attila.

L'intention du roi des Huns n'était point de livrer la Gaule à un pillage général, au moins pour le moment. Attila, qui hasardait toujours le moins possible, aimait à surprendre son ennemi : il avait coutume de dire que « l'attaque appartient au plus brave ; » d'ailleurs les expéditions soudaines, rapides, étaient dans la nature des troupes qu'il commandait. Son plan, arrêté dès le premier jour, consistait à marcher directement sur le midi des Gaules pour attirer les Visigoths hors de leurs cantonnements ou les y écraser avant l'arrivée des troupes romaines, qu'il savait encore en Italie. Les Visigoths détruits, il devait se porter au-devant d'Aëtius, et l'attaquer au débouché des Alpes ; quant aux Burgondes et aux Franks, il n'en tenait pas grand compte, lui qui avait déjà battu les premiers et vu fuir les seconds. Sa marche depuis Metz dévoilait ce plan à des yeux clairvoyants. Deux routes conduisaient de cette ville dans le midi des Gaules : l'une, principale voie de communication entre la province narbonnaise et les bords du Rhin, passait par Langres, Châlon-sur-Saône et Lyon, pour descendre ensuite la vallée du Rhône ; l'autre passait par Reims, Troyes et Orléans. La première, toute montagneuse, parcourait un pays où une nombreuse cavalerie ne pouvait ni se déployer ni trouver à vivre ; la seconde traversait une région plane et ouverte, qui se prolongeait encore au-delà de la Loire, dans les plaines de la Sologne et du Berry. Toujours bien renseigné sur les contrées où il voulait porter la guerre, Attila choisit la seconde de ces routes ; il comptait même s'emparer d'Orléans sans coup férir, grâce à certaines intelligences qu'il avait déjà nouées avec le chef ou roi des Alains, campés en Sologne et chargés de garder les passages du fleuve. Sangiban (c'était le nom de ce roi), homme faible et méticuleux, s'était laissé intimider par les menaces d'Attila ou gagner par ses promesses, car Attila avait partout des gens qui travaillaient pour lui soit comme émissaires, soit comme espions. D'ailleurs les Alains de la Gaule, anciens vassaux des Huns, n'étaient pas tranquilles sur les suites de leur désertion, quand ils voyaient les puissants Visigoths eux-mêmes réclamés comme des esclaves fugitifs. Ces réflexions agirent sur l'esprit du roi Alain, qui consentit à livrer Orléans aux troupes d'Attila. Peut-être aussi le médecin Eudoxe promettait-il à son protecteur une insurrection de paysans dans les provinces Cisligériennes qui avaient été le principal foyer de la bagaudie. Le roi des Huns avait donc bien des motifs de hâter sa marche sur Orléans. Ramenant à lui les ailes de son armée, il la concentra tout entière dans cette direction, et à partir de Reims tous les pillages cessèrent. C'est ainsi que Châlons-sur-Marne, Troyes et Sens furent traversés sans éprouver le sort de Metz, de Toul et de Reims. Quelque diligence que fît Attila, une armée embarrassée de chariots ne devait pas mettre moins de vingt jours à parcourir les 336 milles romains (112 lieues de France) qui séparaient Metz d'Orléans, d'après les itinéraires officiels. Ainsi donc, parti de la première de ces villes le 9 ou le 10 avril, il put arriver devant la seconde dans les premiers jours du mois de mai.

## II – SIÈGE D'ORLÉANS – DÉFAITE D'ATTILA À CHALONS

La Loire, dans son cours de cent quatre-vingts lieues, forme entre le nord et le midi des Gaules un large fossé demi-circulaire, tracé par la nature entre des climats différents, et qui séparait alors, comme il le fait encore aujourd'hui, des populations non moins différentes d'origine et d'intérêts. La ville d'Orléans, située au sommet de la courbure et boulevard de ce grand fossé, a joué un rôle important à toutes les époques de notre histoire, soit comme point stratégique, soit comme centre commercial. Au temps de l'indépendance de la Gaule et sous son vieux nom de Genabum, elle avait déjà cette double importance, et ce fut de ses murs que partit le signal de la grande insurrection qui mit un instant en péril la gloire et la vie de Jules César. Sous le régime gallo-romain, il y eut peu de guerres civiles ou étrangères dont elle n'eût à souffrir, et sa muraille, trop souvent battue du bélier, dut être reconstruite vers l'année 272, sous le principat de l'empereur Aurélien, dont Genabum, adopta le nom par reconnaissance. De même que la ville actuelle, la cité aurélienne était assise sur une pente qui borde la rive droite de la Loire, et son enceinte, formée par un parallélogramme de murs flanqués de tours, plongeait du côté du midi dans les eaux du fleuve. Une grosse tour, placée à l'angle sud-ouest, servait de tête à un pont qui conduisait sur la rive gauche dans la direction de Bourges, et d'autres ouvrages de grande dimension, dont quelques restes sont encore debout, défendaient la porte orientale, où convergeaient les routes de Nevers et de Sens.

Gardiens d'un point si important, les habitants d'Orléans étaient en émoi au moindre bruit de guerre, et, dans cette décadence du gouvernement romain, où chefs et soldats leur manquaient souvent, ils s'étaient habitués à ne prendre conseil que d'eux-mêmes. Quand ils connurent la marche d'Attila et ses proclamations, dans lesquelles il disait n'en vouloir qu'aux Visigoths, les Orléanais sentirent bien que cet orage allait d'abord fondre sur eux. Remettre leurs murs en état, élever quelques ouvrages nouveaux, réunir tout ce qu'ils pourraient de vivres et de munitions de siège, fut leur premier soin ; le second fut d'épier la conduite des Barbares chargés de les garder ; ils découvrirent ou du moins ils soupçonnèrent les sourdes menées de Sangiban, et, quand le roi des Alains se présenta pour tenir garnison dans leur ville, ils lui en fermèrent les portes. En même temps, ils firent partir leur évêque Anianus pour le midi, afin d'informer de l'état des choses, soit le préfet du prétoire Tonantius Ferréolus, soit Aëtius lui-même, s'il était arrivé d'Italie. La mission d'Anianus consistait à vérifier par ses propres yeux sur quels secours Orléans pouvait compter, et de faire connaître aux généraux romains combien de temps la ville pouvait raisonnablement tenir sans secours étrangers, puisqu'elle avait dû repousser les Alains comme suspects, sinon comme traîtres déclarés.

Anianus, autrement dit Agnan, appartenait à cette race héroïque d'évêques que produisait le Ve siècle, et qui, hommes de savoir et de piété, hommes de conseil, hommes de main, devenaient, dans les périls publics, les magistrats naturels de leurs cités. L'élection populaire, qui était alors le mode de recrutement de l'église, savait démêler en eux les qualités qui devaient les rendre utiles en toute circonstance, soit qu'elle s'adressât à un commandant militaire comme dans Germain, à un avocat comme dans Loup de Troyes, à un poète homme du monde comme dans Sidoine Apollinaire. Les peuples suivaient avec une confiance que ne leur inspiraient pas toujours les généraux de profession ces capitaines improvisés, qui avaient le bâton pastoral pour arme, qui rangeaient leurs troupes au chant des psaumes, et commandaient la charge au cri d'*Alleluia*. De leur côté, les Barbares ne voyaient qu'avec une certaine appréhension des généraux sans cuirasse et sans épée, dont ils ne calculaient pas bien toute la puissance ; ils tremblèrent plus d'une fois devant eux, et plus d'une fois des négociations vainement poursuivies par les maîtres des milices ou les préfets se terminèrent par l'intervention d'un évêque. Anianus, en arrivant dans la ville d'Arles, domicile des hauts fonctionnaires romains, aperçut autour du palais impérial un appareil de licteurs et de gardes qui lui révéla la présence du patrice généralissime : Aëtius en effet était de retour depuis quelques jours. Au nom de l'évêque d'Orléans, qui demandait à lui parler sans délai, il traversa son vestibule, déjà encombré d'officiers, de magistrats et d'évêques qui attendaient leur tour d'audience, s'avança au-devant du vieillard jusqu'à la porte, et l'entretint longtemps en particulier ; ils s'expliquèrent sur la situation de la ville et sur celle de l'armée romaine. L'évêque insistait pour obtenir une prompte assistance. Il avait calculé qu'avec la quantité d'approvisionnements et le nombre d'hommes valides que la ville renfermait, elle pourrait tenir par ses seules ressources jusqu'au milieu de juin, mais que, passé ce terme, elle serait forcée de se rendre. « O mon fils, lui dit-il de ce ton solennel et mystique que la lecture habituelle des livres saints imprimait au langage des prêtres de ce temps, je t'annonce que si, le huitième jour avant les calendes de juillet (c'était le 14 du mois de juin), tu n'es pas venu à notre secours, la bête féroce aura dévoré mon troupeau. » Aëtius promit qu'il y serait au jour marqué, et l'évêque reprit sa route en toute hâte. Il était à peine rentré dans Orléans, qu'Attila y vint mettre le siège.

Le retard prolongé d'Aëtius, si préjudiciable à la Gaule, était encore un fruit de la politique d'Attila. Tant qu'on avait pu craindre que sa marche vers l'ouest et sa déclaration de guerre aux Visigoths, faite avec tant d'apparat, ne fussent qu'une feinte pour surprendre l'Italie, Valentinien avait retenu prudemment au midi des Alpes et les légions romaines et le général qui valait à lui seul une armée ; même, quand fut arrivée la nouvelle certaine que les Huns avaient franchi le Rhin, l'empereur voulut conserver près de lui la majeure partie de ses troupes. Aëtius partit donc avec une poignée d'hommes, comptant sur les forces que pourrait fournir la Transalpine, principalement en Barbares fédérés ; mais son découragement fut grand quand il vit de près la situation des choses : les Burgondes battus et humiliés, les Alains en état de trahison flagrante, et les Visigoths décidés plus que jamais à rester dans leurs cantonnements. Aucune raison, aucune remontrance, aucune prière, ne purent fléchir l'esprit obstiné de Théodoric. En vain Aëtius lui expliquait que sa conduite, quel que fût l'événement de la campagne, retomberait sur lui et sur son peuple. « Si les Romains sont vaincus, lui disait-il, Attila viendra sur vous plus fort d'une première victoire, et, abandonnés à votre tour par le reste de la Gaule, vous serez hors d'état de résister ; si au contraire les Romains sont vainqueurs avec l'aide des autres fédérés, l'honneur en appartiendra à ceux-ci, et la désertion des Visigoths ne passera plus pour calcul de prudence, mais pour lâcheté. » A cet argument si pressant, Théodoric n'avait qu'une réponse, celle qu'il avait déjà faite aux messagers de Valentinien : « Les Romains ont attiré comme à plaisir sur eux et sur nous le malheur qui nous menace ; qu'ils s'en tirent comme ils pourront ! »

Cependant la seule présence d'Aëtius, comme par un effet magique, avait ramené dans le midi des Gaules la confiance et le courage. Les nobles gaulois armaient leurs clients, les paysans demandaient des armes, et, au milieu de cet entraînement patriotique, aucune tentative de bagaudie n'osa se manifester, les esclaves eux-mêmes restèrent en paix. Bien que séparée du gouvernement de l'empire, la petite république armoricaine prouva qu'elle avait toujours le cœur romain en envoyant ses guerriers au camp d'Aëtius sous leur drapeau national et sous la conduite de leur roi breton. Les Franks-Ripuaires ne furent pas les derniers au rendez-vous ; Mérovée y accourut plein d'ardeur avec ses Franks-Saliens, et Gondicaire avec ses Burgondes, impatiens de racheter leur défaite. On remarquait près d'eux un petit peuple des Alpes, les Bréons ou Brennes, qu'Aëtius avait ralliés pendant son voyage et amenés en Gaule. Lorsque Sangiban vint se présenter avec sa horde, Aëtius feignit d'ignorer sa trahison, soit pour ne pas pousser à bout par un éclat cet homme toujours incertain, soit de peur d'ébranler par un pareil exemple la fidélité des autres Barbares ; mais il fit observer soigneusement toutes ses démarches. C'étaient là les grands corps de troupes ; ils se grossirent encore des compagnies de colons barbares ou *Lètes*, qui arrivaient de tous les points de la province, où les communications étaient encore libres avec le midi de la Loire. Ainsi il y avait des Lètes-Teutons à Chartres, des Lètes-Bataves et Suèves à Bayeux et à Coutances, des Suèves au Mans, des Franks à Rennes, d'autres Suèves à Clermont, des Sarmates et des Taïfales à Poitiers, d'autres Sarmates à Autun, et çà et là des détachemens.de colons saxons entre l'embouchure de la Seine et celle de la Loire ; tous purent se rallier à l'armée d'Aëtius, soit au camp, soit pendant la route. Aëtius, envoyant l'ardeur qui se manifestait de toutes parts, sentit pénétrer en lui-même quelque chose de la confiance qu'il inspirait ; mais l'absence des Visigoths lui causait toujours un regret cuisant. Mettant donc à les attirer autant d'obstination qu'ils en mettaient à s'isoler, il roulait dans sa tête toutes les combinaisons qui pouvaient le conduire à son but, lorsqu'à force d'y songer, il en trouva une dont le succès lui parut infaillible.

Dans la cité d'Arvernie, aujourd'hui la province d'Auvergne, vivait un sénateur, de noblesse à la fois celtique et romaine, dont la famille avait occupé les plus hautes fonctions administratives et militaires dans l'empire d'Occident, — des préfectures du prétoire, des maîtrises des milices, des patriciats, — et à qui ses ancêtres avaient légué de si grands biens, que son fils Ecdicius, dans une circonstance où il s'agissait de la liberté de l'Arvernie, put lever une armée avec ses seuls clients, et nourrir du blé de ses terres la ville de Clermont affamée. Ce sénateur se nommait Mecilius Avitus. Avitus présentait un étrange composé de mollesse et d'élans énergiques : homme de plaisir et homme d'étude, épicurien patriote, il avait d'abord fait la guerre et servi le gouvernement romain, sous les drapeaux d'Aëtius, avec une bravoure incomparable ; entré plus tard dans les carrières civiles, il le servit également bien, et se fit la réputation d'un politique habile et heureux. On vantait surtout l'adresse avec laquelle, en 439, étant préfet du prétoire des Gaules, il avait arraché au roi des Visigoths une trêve ou un traité de paix que ce dernier refusait obstinément aux généraux romains. À l'expiration de chacune de ses charges, Avitus venait s'ensevelir dans sa délicieuse villa d'Avitacum, qu'il avait fait construire à l'endroit le plus agreste de ses montagnes, sous un rocher couvert de sapins, au milieu d'eaux jaillissantes et sur la lisière d'un petit lac. Il y menait une vie tout à la fois voluptueuse et occupée, en compagnie de ses livres, des gens de lettres qui affluaient chez lui de toutes parts, et des femmes élégantes de la province. Des fenêtres de sa bibliothèque, où les beaux esprits venaient réciter leurs vers et leur prose, on apercevait les bains thermaux qu'il avait fait bâtir à grands frais pour l'agrément de ses hôtes et pour le sien. Sa famille se composait de deux fils, dont l'aîné, Ecdicius, succéda plus tard à son importance, et d'une fille nommée Papianilla, qui avait épousé Sidonius, de la famille lyonnaise des Apollinaires, homme honorable et distingué, et déjà le poète le plus en vogue de tout l'Occident.

Si l'exquise urbanité d'Avitus et les rares mérites de son esprit le faisaient rechercher en tous lieux, même à Rome, nulle part il ne recevait un accueil plus empressé, il n'était l'objet d'une admiration plus expansive qu'à la cour des Visigoths. Théodoric ne se lassait point de voir et d'entendre ce type de toutes les élégances, qui contrastait si fort avec la tenue grossière, la voix rauque et le mauvais latin des seigneurs en casaque de peau qui composaient le fond de la cour de Toulouse. Une visite du noble arverne était pour le fils d'Alaric une bonne fortune ardemment souhaitée : il le consultait sur toutes choses, principalement sur l'éducation de ses enfants. Il semble même qu'Avitus consentit à diriger les études du jeune Théodoric, fils puîné du roi. Grace aux leçons du digne conseiller, la demeure des ravageurs de Rome se transforma en une académie latine où l'on étudiait le droit romain et où l'on commentait l'Énéide. Le jeune Théodoric se rappela toujours avec reconnaissance qu'il lui devait le bonheur d'avoir lu, comme il disait, « les pages du docte Maron. » C'est à cette autorité toute personnelle d'Avitus sur l'esprit au roi barbare qu'Aëtius eut l'idée de s'adresser, et, comme le temps pressait, il partit immédiatement pour Avitacum en compagnie de quelques nobles arvernes.

« Avitus, salut du monde, dit-il en abordant le maître du lieu, ce n'est pas pour toi une gloire nouvelle de voir Aëtius te supplier. Ce peuple barbare qui demeure à nos portes n'a d'yeux que les tiens, n'entend que par tes oreilles ; tu lui dis de rentrer dans ses cantonnements, et il y rentre ; tu lui dis d'en sortir, et il en sort ; fais donc qu'il en sorte aujourd'hui. Naguère tu lui imposas la paix, maintenant impose-lui la guerre. » Ce compliment quintessencié à la mode du temps, mais très flatteur, fut fort du goût d'Avitus. D'ailleurs la démarche d'un si grand personnage l'honorait tellement aux yeux du monde, qu'il se fit en quelque sorte un devoir de réussir dans la mission qu'on lui donnait. Il y réussit, et Théodoric, déjà ébranlé, fit aux sages représentations d'un ami le sacrifice de ses dernières répugnances. Avitus fut aidé en cela par le désir secret des chefs Visigoths, qui commençaient à rougir du reproche de lâcheté que Romains et Barbares leur adressaient à l'envi. Aussi, quand un ordre du roi annonça le départ, la joie fut générale dans les cantonnements des Goths c'était à qui se présenterait avec ses armes, à qui se ferait admettre parmi les combattants. Théodoric prit en personne le commandement de ses troupes, et se fit accompagner par ses deux fils aînés, Thorismond et Théodoric, laissant l'administration du royaume aux mains des quatre puînés, Frédéric, Euric, Rothemer et Himeric. Ce fut pour Aëtius et pour toute l'armée confédérée un beau jour que celui où, suivant l'expression du poète, gendre d Avitus, à qui nous devons ces détails, « les bataillons couverts de peaux vinrent se placer à la suite des clairons romains ; » de ce jour, le patrice ne douta plus de la victoire.

Tous ces tiraillements, toutes ces tergiversations de Théodoric avaient fait perdre aux Romains un temps précieux : des cinq semaines pendant lesquelles la ville d'Orléans avait promis de tenir, la plus grande partie était déjà écoulée, et il restait encore une longue route à parcourir ; néanmoins Aëtius se flattait d'arriver avant le terme fatal. Attila, dont les hordes cernaient la place jusqu'à la Loire, poussait le siège aussi activement que le permettait la maladresse des Huns à manier les machines de guerre, tandis qu'au contraire les assiégés, bien munis de claies, de boucliers, de balistes, de matières inflammables, dirigeaient habilement les travaux de la défense. Plusieurs fois il fit approcher le bélier des murs, mais sans résultat. Les Huns recoururent alors à l'emploi des arcs, dont ils se servaient avec une vigueur et une sûreté de coup d'œil incomparables ; ils firent pleuvoir incessamment une grêle de flèches qui portaient la désolation dans la ville nul ne se montrait plus à découvert sur les créneaux sans être atteint, et les assiégés éprouvèrent de grandes pertes. Dans ces circonstances, et pour relever les courages qui commençaient à s'abattre, l'évêque fit promener processionnellement sur le rempart les reliques de son église ; mais l'ardeur des assiégés déclinait rapidement avec leurs forces, soit qu'ils eussent trop présumé d'eux en s'engageant à tenir jusqu'au 14 de juin, soit que, ne recevant aucunes nouvelles du dehors, ils pussent supposer que le reste de la Gaule s'était rendu. Ils accusèrent leur évêque de les avoir trompés en leur promettant un secours imaginaire. Agnan, ferme dans la croyance qu'une révélation de Dieu même lui avait annoncé leur délivrance et qu'il ne serait point trompé, baignait de ses larmes les marches de l'autel, et, se relevant par intervalle, il s'écriait : « Montez sur la plus haute tour, et regardez si la miséricorde de Dieu ne nous vient pas ! » Quand on lui rapportait qu'aucune troupe, aucun nuage de poussière ne se montrait dans la plaine, il recommençait à prier avec plus d'ardeur. Il fit partir un soldat chargé de ce message pour Aëtius : « Si tu n'arrives pas aujourd'hui même, ô mon fils ! il sera trop tard. » Le soldat ne revint pas. À bout de ses forces et de son courage, Agnan se mit à douter de lui-même. Un orage, qui sembla ouvrir toutes les cataractes du ciel sur la ville et sur le camp ennemi, ayant suspendu les travaux du siège pendant trois jours, les habitants tinrent conseil, et décidèrent qu'il fallait se rendre. L'évêque fut chargé de porter leurs conditions au camp d'Attila ; mais le roi hun, irrité qu'on osât lui parler de conditions, repoussa brutalement le négociateur, qui rentra tout tremblant dans la ville. Il n'y avait plus qu'à se rendre à discrétion : c'est ce que firent les assiégés.

Le lendemain donc, dès le point du jour, les serrures brisées et les portes ouvertes à double battant annoncèrent que l'armée des Huns pouvait entrer. Les chefs pénétrèrent les premiers pour avoir le choix des dépouilles, et le pillage commença. Il s'opéra dans tous les quartiers avec une sorte de régularité et d'ordre : des chariots en station recevaient le butin enlevé des maisons, et les captifs, rangés par groupes, étaient tirés au sort entre les soldats. Cette opération fut interrompue par un cri soudain, qui ramena l'espérance dans le cœur des vaincus et jeta l'effroi dans celui des vainqueurs. C'étaient Aëtius et Thorismond qu'on apercevait à la tête de la cavalerie romaine, accourant à toute bride, et derrière eux on voyait briller les aigles des légions et les étendards des Goths. Ils furent bientôt devant la ville. Un premier combat eut lieu au débouché du pont, sur la rive et jusque dans les eaux de la Loire ; d'autres lui succédèrent dans l'intérieur des murs, où les captifs, brisant leurs chaînes, secondèrent les Romains de leur mieux. Traqués de rue en rue, écrasés sous les pierres que les habitants lançaient du haut des maisons, les Huns ne savaient plus que devenir, lorsque Attila fit sonner la retraite. Le patrice n'avait point manqué à sa parole : on était au 14 juin. Telle fut cette fameuse journée qui sauva la civilisation d'une destruction totale en Occident. L'église d'Orléans la célébra longtemps par une solennité où les noms d'Agnan, d'Aëtius et de Thorismond se confondaient dans ses prières ;

mais Orléans était destiné à décider une autre fois encore du sort de nos aïeux, et la gloire plus récente et plus poétique de la vierge de Domremy fit pâlir celle du vieux prêtre gaulois. Cette gloire pourtant était grande au XIIIe siècle, puisque saint Louis vint à Orléans avec ses fils pour avoir l'honneur de porter les ossements de saint Agnan lors d'une translation de reliques. Les guerres religieuses n'épargnèrent pas les restes d'un héros coupable d'avoir été évêque et canonisé : les calvinistes en 1500 brisèrent sa châsse et dispersèrent ses os. Par une triste coïncidence, le saint roi qui était venu l'honorer eut, lui aussi, sa tombe violée à Saint-Denis, sous l'empire d'autres passions et d'autres fureurs, et la ville de Paris vit brûler en place de Grève les restes de la fille vénérable dont les patriotiques pressentiments et la courageuse volonté avaient empêché sa ruine. Ainsi la France dispense tour à tour à ses enfants les plus glorieux l'apothéose et les gémonies. Puisse du moins l'histoire offrir à ceux qui ont servi la patrie en des temps et sous des costumes différents, prêtres, rois, guerriers, bergères ou reines, un asile sûr où leurs reliques ne seront point profanées !

Les nomades ne se font pas, comme nous, un déshonneur de la fuite ; attachant plus d'importance au butin qu'à la gloire, ils tâchent de ne combattre qu'à coup sûr, et, lorsqu'ils trouvent leur ennemi en force, ils s'esquivent, sauf à revenir en temps plus opportun. C'est ce que faisait Attila : trompé dans ses prévisions sur Sangiban et maudissant Aëtius, il ne songeait plus qu'à mettre pour le moment ses troupes et son butin en sûreté. Il décampa donc silencieusement pendant la nuit, reprenant la même route qu'il avait suivie à son arrivée, et au lever du jour il était déjà loin de la ville. Il lui tardait de gagner au-delà de Sens un pays moins ravagé que les environs d'Orléans, et des plaines découvertes où la cavalerie hunnique retrouverait tous ses avantages, dans la prévision d'une bataille. Au nord de la ville de Sens, entre la vallée de l'Yonne et celle de l'Aisne, se développe, sur une longueur d'environ cinquante lieues et une largeur de trente-cinq à quarante, une succession de plaines coupées de rivières profondes, dont l'ensemble portait, dès le Vie siècle, le nom de *Campania*, Champagne, qu'il conserve encore aujourd'hui. À son extrémité septentrionale s'élèvent les montagnes de l'Ardenne, qui, séparant ces plaines sèches et ondulées des plaines fertiles et basses de la Belgique, présentent à l'horizon comme un mur boisé d'une hauteur presque uniforme. Il n'y a d'issue, pour en sortir et gagner le cours inférieur du Rhin, que les défilés dangereux de l'Ardenne du côté du nord-est, ou, du côté du sud-est, le long trajet des Vosges et du Jura ; deux routes romaines conduisant dans ces deux directions se croisaient alors à *Durocatalaunum*, aujourd'hui Châlons-sur-

Marne. Attila, qui avait traversé ce pays en venant de Reims, avait hâte d'occuper la ville et la plaine environnante, qu'on appelait *Champs catalauniques*, afin d'assurer ses moyens de retraite dans le cas où, serré de trop près par l'armée romaine, il se verrait contraint de livrer bataille. Ce n'était pas la première fois dans l'histoire des Gaules que les champs catalauniques se trouvaient choisis pour être le théâtre d'une lutte formidable entre les nations, et ce ne fut pas non plus la dernière.

On pense bien qu'Attila, dans sa marche précipitée, ne laissa piller qu'autant qu'il le fallut pour se procurer des vivres. Au passage de la Seine à Troyes, il n'entra point dans la ville ; l'évêque Lupus ou Loup (c'était le même dont nous avons parlé plus haut et qui accompagnait saint Germain dans son voyage de Bretagne) vint au-devant de lui, le priant d'épargner, non pas seulement les habitants d'une cité sans défense, comme était alors celle de Troyes qui n'avait plus ni portes ni murailles, mais encore la population des campagnes. « Soit, répondit le roi hun de ce ton froidement railleur qui succédait chez lui aux emportements de la colère ; mais tu viendras avec moi jusqu'au fleuve du Rhin. Un si saint personnage ne peut manquer de porter bonheur à moi et à mon armée. » Attila voulait garder en otage, à tout événement, un prêtre vénéré dans la contrée et considérable aux yeux de tous les Romains. Pendant qu'il passait l'Aube à *Arciaca*, aujourd'hui Arcis, il laissa son arrière-garde, composée des Gépides, dans la plaine triangulaire que la Seine et l'Aube baignent à droite et à gauche avant de confondre leurs eaux, non loin de *Mauriacum*, ou Méry-sur-Seine, petite bourgade qui avait fait donner à ce delta le nom de *Champs de Mauriac*. L'armée d'Aëtius avait gagné de vitesse celle des Huns, que la famine, les maladies, les embuscades de paysans décimaient tout le long de la route, et son avant-garde, formée des Franks de Mérovée, vint donner contre les Gépides, qui protégeaient le passage de l'Aube. Le choc eut lieu pendant la nuit ; on se battit à tâtons jusqu'au jour dans une mêlée effroyable, et d'un côté la hache des Franks, de l'autre l'épée et la lance des Gépides firent si bien leur office, qu'au lever du jour quinze mille blessés ou morts couvraient le champ de bataille. Ardaric, ayant ramené ses Gépides au-delà de la rivière, rejoignit le gros de l'armée hunhique, qui le jour même entra dans la ville de Châlons.

Il n'y avait plus moyen d'éviter un combat général. À quelques milles au-delà de Châlons, près de la station appelée dans les itinéraires *Fanum Minervoe*, temple de Minerve, se voient encore aujourd'hui les restes d'un camp fortifié à la manière romaine, lequel commandait la route de Strasbourg, et semble avoir eu pour destination de couvrir les deux villes de Reims et de Châlons, entre lesquelles il était situé. Non loin de ces ruines, dans une plaine à perte de vue, coule la rivière de Vesle, qui, voisine de sa source, n'est encore là qu'un faible ruisseau, et cette circonstance, jointe à d'autres détails topographiques indiqués par l'histoire, paraît confirmer l'opinion qui fait de ce lieu le champ de bataille des Romains et des Huns. En effet, la tradition désigne sous le nom de *Camp d'Attila* ces restes d'un établissement dont le caractère est incontestablement romain, et dont le bon état de conservation, après quatorze siècles, exclut toute idée d'un bivouac barbare disposé à la hâte. Attila, trouvant des fortifications à sa portée, en aurait-il profité comme d'une bonne fortune ? Se serait-il servi de l'enceinte romaine pour affermir l'assiette de son camp ? On peut le supposer avec vraisemblance, et cette supposition met d'accord, sans grands frais d'hypothèse, la tradition locale et le bon sens. Une fois décidé à combattre, Attila fit ranger ses chariots en cercle et dressa ses tentes à l'intérieur. Le jour même, l'armée d'Aëtius campait en face de lui, les légions suivant les règles de la castramétation romaine, les fédérés barbares sans retranchement ni palissades, et chaque nation séparément.

Attila passa toute cette nuit dans une agitation inexprimable. Le mauvais état de son armée découragée, affaiblie par les privations et considérablement réduite en hommes et en chevaux, ne lui faisait que trop pressentir la probabilité d'une défaite, et cette probabilité n'échappait guère non plus à des yeux moins clairvoyants que les siens. Ses soldats avaient pris dans les bois voisins un ermite qui faisait parmi les paysans le métier de prophète. Attila eut la fantaisie de l'interroger. « Tu es le *fléau de Dieu*, lui dit le solitaire, et le maillet avec lequel la Providence céleste frappe sur le monde ; mais Dieu brise, quand il lui plaît, les instruments de sa vengeance, et il fait passer le glaive d'une main à l'autre, suivant ses desseins. Sache donc que tu seras vaincu dans ta bataille contre les Romains, afin que tu reconnaisses bien que ta force ne vient pas de la terre. » Cette réponse courageuse n'irrita point le roi des Huns. Après avoir entendu le prophète chrétien, il voulut entendre à leur tour les devins de son armée, car chez les Huns, comme plus tard chez les Mongols, les consultations sur l'avenir, dans les circonstances décisives, semblent avoir été d'institution publique. Il fit donc venir les magiciens et, comme dit l'historien de cette guerre, les *aruspices* qui suivaient ses troupes, et alors commença une scène étrange, effroyable, dont l'histoire, en esquissant les principaux traits, laisse à l'imagination le soin de les compléter.

Qu'on se figure, sous une tente tartare plantée au milieu des plaines de la Champagne, à la lueur lugubre des torches, un concile de toutes les superstitions du nord de l'Europe et de l'Asie : le sacrificateur ostrogoth ou ruge les mains plongées dans les entrailles d'une victime dont il observe les palpitations, le prêtre Alain secouant dans un drap blanc ses baguettes divinatoires à l'entrelacement desquelles il voit des signes prophétiques, le sorcier des Huns blancs évoquant les esprits des morts au son du tambour magique et tournant sur lui-même avec la rapidité d'une roue jusqu'à ce qu'il tombe épuisé, la bouche écumante, dans l'immobilité de la catalepsie, et au fond de la tente Attila, assis sur son escabeau, épiant les convulsions, recueillant les moindres cris de ces interprètes de l'enfer. Mais les Huns avaient une superstition particulière plus solennelle, et que les voyageurs européens trouvèrent encore en vigueur aux XIIIe et XIVe siècles à la cour des descendants de Tchinghiz-Khan : je veux parler de la divination au moyen des os d'animaux, principalement des omoplates de mouton. Le procédé consistait à dépouiller de chair les os sur lesquels on voulait opérer : on les exposait ensuite au feu, et d'après la direction des veines ou les fissures de la substance osseuse, fendillée par l'action de la chaleur, on établissait ses pronostics. Les règles de cet art étaient fixes et déterminées par une sorte de rituel comme celles de l'aruspicine romaine. Attila observa lui-même les os, et n'y lut que sa prochaine défaite. Les prêtres,

177

après s'être consultés, déclarèrent aussi que les Huns seraient vaincus, mais que le *général des ennemis* périrait dans le combat. Par ce mot de général des ennemis, Attila comprit qu'il s'agissait d'Aëtius, et son visage s'illumina d'un éclair de joie. Aëtius était le grand obstacle à ses desseins ; c'était lui qui avait rompu par son habileté la trame si bien ourdie pour isoler les Visigoths des Romains, lui qui avait arrêté les Huns dans leur marche victorieuse, lui enfin qui était l'âme de ce ramas de peuples, jaloux les uns des autres, dont Attila aurait eu bon marché sans lui. Acheter sa mort par une défaite, dans l'opinion du roi des Huns, ce n'était pas l'acheter trop cher.

Cette bataille, qui ne lui promettait que la défaite, Attila eut soin de l'engager le plus tard possible dans la journée, afin que la défaite même ne fût pas irrévocable, et que la nuit survenant laissât place à de nouveaux conseils et à de nouvelles chances. À la neuvième heure du jour, environ trois heures après midi, il fit sortir son armée du camp. Lui-même se mit au centre avec les Huns proprement dits ; il plaça à sa gauche Valamir et les Ostrogoths, à sa droite Ardaric avec les Gépides et les autres nations sujettes des Huns. Aëtius, de son côté, prit le commandement de son aile gauche, formée des troupes romaines, opposa dans son aile droite les Visigoths aux Ostrogoths, et plaça dans le centre les Burgondes, les Franks, les

Armorikes et les Alains de Sangiban, que les troupes fidèles avaient pour mission de surveiller. Les dispositions prises par Attila indiquaient assez son plan. En concentrant sa meilleure cavalerie au centre de l'ordre de bataille et à proximité de son retranchement de chariots, il voulait évidemment tenter une charge rapide sur le camp ennemi en même temps qu'il assurait sa retraite vers le sien. Aëtius, au contraire, en portant sa principale force sur ses flancs, eut pour but de profiter de ce mouvement, d'envelopper Attila s'il était possible, et de lui couper la retraite qu'il voulait se ménager. Entre les deux armées se trouvait une éminence en pente douce, dont l'occupation pouvait être avantageuse comme poste d'observation : les Huns y envoyèrent quelques escadrons détachés de leur front, tandis qu'Aëtius, qui en était plus rapproché, faisait partir Thorismond avec un corps de cavalerie Visigothe ; celui-ci, arrivant le premier sur le plateau, chargea les Huns à la descente et les culbuta sans peine. Cette première déconvenue parut de mauvais augure à l'armée hunnique, déjà en proie à de tristes pressentimens. Pour rendre l'élan aux courages, Attila, réunissant les chefs autour de lui, leur adressa des paroles que Jornandès a reproduites dans son récit d'après la tradition gothique. Quoique l'idée de posséder une harangue d'Attila puisse surprendre de prime abord, l'étonnement diminue lorsqu'on réfléchit aux moyens mnémoniques des peuples qui, ne connaissant pas l'écriture, n'ont d'autre histoire que la tradition orale. Les événements de leur vie publique étant, avec leurs fables religieuses, les seuls objets de leur littérature, ils les fixent dans leur mémoire avec une précision dont les récits de l'Edda nous fournissent plus d'une preuve ; et lors même qu'ils ajoutent à la réalité des faits, ils le font si bien dans la couleur des temps et des hommes, que leurs inventions mêmes constituent pour la postérité une sorte d'authenticité relative. Nous admettrons, si l'on veut, que ce soit là le caractère du discours que Jornandès met dans la bouche du roi des Huns au moins conviendra-t-on qu'il n'est pas l'ouvrage d'un rhéteur grec ou latin, et que de plus il contraste, par son âpre énergie, avec le style et les idées que pouvait tirer de lui-même l'abréviateur de l'histoire des Goths.

« Après tant de victoires remportées sur tant de nations, et au point où nous en sommes de la conquête du monde, je ferais, à mes propres yeux, un acte inepte et ridicule en venant vous aiguillonner par des paroles, comme si vous ne saviez pas ce que c'est que de se battre. Laissons ces précautions à un général tout neuf ou à des soldats sans expérience : elles ne sont dignes ni de vous ni de moi. En effet, quelles sont vos habitudes, sinon celles de la guerre ? Et qu'y a-t-il de plus doux pour les braves que de chercher la vengeance les armes à la main ? Oh ! oui, c'est un grand bienfait de la nature que de se rassasier le cœur de vengeance !… Attaquons donc vivement l'ennemi : c'est toujours le plus résolu qui attaque. Méprisez ce ramas de nations différentes qui ne s'accordent point : on montre sa peur au grand jour, quand on compte, pour sa défense, sur un appui étranger. Aussi voyez, même avant l'attaque, la frayeur les emporte déjà : ils veulent gagner les hauteurs ; ils se hâtent d'occuper des lieux élevés, qui ne les garantiront point, et bientôt ils reviendront demander, sans plus de succès, leur sûreté à la plaine. Nous savons tous avec quelle faiblesse les Romains supportent le poids de leurs armes ; je ne dis pas la première blessure, mais la poussière seule les accable. Tandis qu'ils se réunissent en masses immobiles pour former leurs tortues de boucliers, méprisez-les et passez outre ; courez sus aux Alains, abattez-vous sur les Visigoths : c'est sur le point où se concentrent les forces du combat que nous devons chercher une prompte victoire. Si les nerfs sont coupés, les membres tombent, et un corps ne peut se tenir debout quand les os lui sont arrachés. Élevez donc vos courages et déployez votre furie habituelle. Comme Huns, prouvez votre résolution, prouvez la bonté de vos armes ; que le blessé cherche la mort de son adversaire ; que l'homme sain se rassasie du carnage de l'ennemi celui qui est destiné à vivre n'est atteint par aucun trait ; celui qui doit mourir rencontre son destin, même dans le repos. Enfin pourquoi la fortune aurait-elle rendu les Huns vainqueurs de tant de nations, sinon pour les préparer aux joies de cette bataille ? Pourquoi aurait-elle ouvert à nos ancêtres le chemin du marais Méotide, inconnu et fermé pendant tant de siècles ? L'événement ne me trompe point : c'est ici le champ de bataille que tant de prospérités nous avaient promis, et cette multitude rassemblée au hasard ne soutiendra pas un moment l'aspect des Huns. Je lancerai le premier javelot sur l'ennemi ; si quelqu'un peut rester tranquille quand Attila combat, il est déjà mort ! »

« Alors, dit Jornandès, qui devient dans ce récit presque aussi sauvage que ses héros, alors commença une bataille atroce, multiple, épouvantable, acharnée. L'antiquité n'a raconté ni de tels exploits ni de tels massacres, et celui qui n'a pas été témoin de ce spectacle merveilleux ne le rencontrera plus dans le cours de sa vie. » Le ruisseau presque desséché qui traversait la plaine se gonfla tout à coup, grossi par le sang qui se mêlait à ses eaux, de sorte que les blessés ne trouvaient pour s'y désaltérer qu'une boisson horrible et empoisonnée qui les faisait mourir aussitôt.

L'engagement commença par l'aile droite romaine contre la gauche d'Attila, Goths occidentaux contre Goths orientaux, frères contre frères. Le vieux roi Théodoric parcourait les rangs de ses soldats, les exhortant du geste et de la voix, lorsqu'il tomba de cheval et disparut sous le flux et reflux des escadrons dont les masses se choquaient. Quelques-uns disent que ce fut un Ostrogoth de la race des Amales, nommé Andagis, qui le frappa de son javelot et le perça de part en part. La mêlée continua sans qu'on sût ce qu'il était devenu, et, après un combat sanglant, les Visigoths dispersèrent leurs ennemis. Pendant ce temps, les Huns d'Attila avaient chargé le centre de l'armée romaine, l'avaient enfoncé, et restaient maîtres du terrain, lorsque les Visigoths victorieux à l'aile droite les attaquèrent en flanc. L'aile gauche romaine fit un mouvement semblable, et Attila, voyant le danger, se replia sur son camp. Dans cette nouvelle lutte, poursuivi avec fureur par les Visigoths, il fut sur le point d'être tué, et n'échappa que par la fuite. Ses troupes, à la débandade, le suivirent dans leur enceinte de chariots ; mais, quelque faible que fût ce rempart, une grêle de flèches, décochées sans interruption de toutes les parties de l'enceinte, en écarta les assaillants. La nuit arriva sur ces entrefaites, et l'obscurité devint tellement épaisse, qu'on ne distinguait plus amis ni ennemis, et que des divisions entières s'égarèrent dans leur marche. Thorismond, descendu de la colline pour rejoindre son corps d'armée, alla donner, sans le savoir, contre les chariots des Huns, où il fut reçu à coups de flèches, blessé à la tête et jeté en bas de son cheval. Ses soldats l'emportèrent tout couvert de sang. Aëtius lui-même, séparé des siens, et à la recherche des Visigoths, qu'il croyait perdus, erra quelque temps au milieu des ennemis. Lui et ses confédérés passèrent le reste de la nuit à veiller dans leur camp, le bouclier au bras.

Le soleil se leva sur une plaine jonchée de cadavres. Cent soixante mille morts ou blessés restaient, dit-on, sur la place. Tout ce que les Romains et leurs alliés savaient encore du résultat de la bataille, c'est qu'Attila avait dû essuyer un grand désastre : sa retraite faite avec tant de précipitation et de désordre en paraissait l'indice certain, et, quand on le vit obstinément renfermé dans son camp, on conclut qu'il s'avouait vaincu. Au reste, bien que retranché derrière ses chariots, le roi hun ne faisait rien qui fût indigne d'un grand courage : du milieu de son camp retentissait un bruit incessant d'armes et de trompettes, et il semblait menacer de quelque coup inattendu. « Tel qu'un lion pressé par les chasseurs parcourt à grands pas l'entrée de sa caverne sans oser s'élancer au dehors, et épouvante le voisinage de ses rugissements, tel, dit l'historien Jornandès, le fier roi des Huns, du milieu de ses chariots, frappait d'effroi ses vainqueurs. » Les Romains et les Goths délibérèrent sur ce qu'ils feraient d'Attila vaincu ;

ils convinrent de le mettre en état de blocus et de le laisser se consumer lui-même, sans lui offrir par une attaque de vive force l'occasion d'une revanche. On raconte que, dans cette situation désespérée, il fit dresser en guise de bûcher un énorme monceau de selles, tout prêt à y mettre le feu et à s'y précipiter ensuite, si l'ennemi forçait l'enceinte de son camp.

Cependant Théodoric ne reparaissait point ; il ne revenait point jouir de la victoire des siens ; divers bruits couraient sur sa disparition ; on le crut captif ou mort. On le chercha d'abord sur le champ de bataille comme un brave, et on trouva, non sans peine, son cadavre enfoui sous un amas d'autres cadavres. À cette vue, les Goths entonnèrent un hymne funèbre et enlevèrent le corps sous les yeux des Huns, qui n'essayèrent point de les troubler. Leurs devins sans doute firent sonner bien haut l'infaillibilité de leurs pronostics, que l'événement semblait vérifier, car enfin ils avaient annoncé la mort du chef des ennemis ; toutefois ce n'était pas sur celle-ci qu'Attila avait compté. Thorismond, guéri de sa blessure, présida aux funérailles de son père, que l'armée Visigothe célébra en grande pompe, avec force chants, cliquetis d'armes et cris discordans : il y présida en qualité de roi, car les Goths l'élevèrent sur le pavois en remplacement du roi défunt.

Cette mort de Théodoric, à deux cents lieues de son pays, était un grand événement pour les Goths, dont les rois étaient électifs, quoique pris au sein de la même famille. Le jeune Théodoric, il est vrai, avait consenti sans difficulté à la proclamation de son frère Thorismond ; mais les quatre frères restés à Toulouse reconnaîtraient-ils aussi aisément un choix qui n'émanait que de l'armée ? Maîtres du gouvernement, maîtres du trésor de leur père, ne chercheraient-ils pas à se créer un parti, à soulever la multitude, à s'emparer de la royauté : chose assez facile, conforme d'ailleurs aux habitudes des Visigoths et au caractère particulier de jeunes princes que l'on savait ambitieux et hardis ? Il y avait plus d'une révolte au fond de ce trésor du roi défunt, qui n'était pas autre que celui d'Alaric, et renfermait les plus riches dépouilles de Rome et de la Grèce. Thorismond, rongé d'inquiétudes, eût voulu déjà être à Toulouse, afin de prévenir ou de contenir ses frères ; mais la honte le retenait près d'Aëtius. Il alla donc trouver le Patrice, dont l'âge et la mûre prudence sauraient le conseiller, disait-il, et, au nom de son père Théodoric, dont il voulait venger la mort, il proposa de livrer l'assaut au camp des Huns.

Aëtius, qui connaissait bien les ruses et la mobilité de l'esprit barbare, comprit que les regrets tardifs de Thorismond cachaient une menace de départ : il ne se montra pas d'humeur à changer un plan mûrement délibéré et à tourner peut-être la fortune contre lui pour des alliés qui faisaient si bon marché de l'intérêt romain. Feignant d'entrer dans toutes les craintes de Thorismond au sujet de ses frères, il n'objecta rien à son projet d'emmener l'armée Visigothe, si l'on n'attaquait pas Attila. C'était une véritable désertion ; mais, après la conduite de ce peuple au commencement de la guerre, il n'y avait pas de quoi s'étonner ; puis, les Romains étaient habitués à ces retours capricieux, à cette perpétuelle fluctuation de la part d'alliés imprévoyants, égoïstes, toujours plus empressés d'affaiblir que de fortifier l'empire qui les avait admis dans son sein. L'histoire ajoute qu'au fond Aëtius ne fut pas fâché de se débarrasser des Visigoths, qui avaient joué un rôle brillant dans la bataille, et, selon toute apparence, décidé la victoire. Leur jactance et leurs prétentions offusquaient sans doute l'armée romaine, et Aëtius craignit qu'après la destruction des Huns, ces défenseurs de la Gaule ne pesassent d'un poids insupportable sur elle. Telle est du moins la politique que lui prête Jornandès, toujours favorable à ses compatriotes les Goths. Cette version plut tellement aux Barbares, dont elle flattait l'importance, que les historiens des Franks prétendirent aussi (sans la moindre vraisemblance assurément) qu'un stratagème pareil fut employé dans la même intention par le général romain pour éloigner du champ de bataille le petit peuple de Mérovée. En fait, Aëtius parut ouvertement consentir au départ de Thorismond, ce qui équivalait à la levée du blocus d'Attila.

Ignorant de tous ces débats et toujours enfermé dans son camp, où il voyait avec douleur son armée se fondre d'elle-même par les privations et la maladie, le roi des Huns semblait attendre, pour prendre un parti, quelque aventure du genre de celle qui démembrait l'armée d'Aëtius. Il avait bien remarqué que les bivouacs de Thorismond étaient déserts ; toutefois, comme cette solitude pouvait cacher un piège, il se tint soigneusement sur ses gardes. Plus tard le silence, joint à la solitude prolongée, lui ayant donné la certitude du départ des Goths, il laissa éclater une grande joie ; « son âme revint à la victoire, suivant l'énergique expression de l'historien que nous citions tout à l'heure, et ce génie puissant ressaisit sa première fortune. » Faisant à l'instant même atteler ses chariots, il partit dans un appareil encore formidable. Attila ne demandait qu'à s'éloigner : Aëtius, avec des troupes réduites de plus de moitié, jugea prudent de respecter la retraite du lion. Seulement il le suivit à peu de distance et en bon ordre pour l'empêcher de piller, et tomber sur lui s'il s'écartait de sa route. Les Huns semèrent encore tout ce trajet de leurs malades et de leurs morts. On ne sait si les Burgondes accompagnèrent fidèlement

Aëtius dans cette dernière partie de sa campagne, ou s'ils s'esquivèrent à l'instar des Visigoths ; mais l'histoire témoigne que les fédérés Franks ne le quittèrent qu'après que les Huns eurent repassé le Rhin. Ils poursuivirent même pour leur propre compte jusqu'en Thuringe les tribus de ce pays, contre lesquelles ils avaient de terribles représailles à exercer. L'expédition d'Attila avait donc échoué ; l'épouvantail gigantesque de son armée de cinq cent mille hommes venait de s'évanouir ; la Gaule était sauvée, sinon d'une dévastation passagère, au moins de la destruction, et ce résultat, l'empire le devait à la prudence tout autant qu'au génie militaire d'Aëtius, à qui il avait fallu vaincre sans rien hasarder, car sa défaite eût marqué la fin du monde occidental. Pourtant il ne trouva pas que des admirateurs parmi ceux qu'il avait sauvés. Les Visigoths, qui n'avaient été dans sa main que des instruments rétifs et dangereux, osèrent lui disputer l'honneur de la victoire, et la cour de Ravenne, plus jalouse et plus inique cent fois, lui fit un crime d'avoir laissé échapper son ennemi. Celui-ci du moins avait su lui rendre justice en proclamant sur le champ de bataille de Châlons que la mort d'Aëtius valait bien une défaite d'Attila.

# Chapitre IV

## DERNIERE GUERRE ET MORT D'ATTILA.

### I. – INVASION DE L'ITALIE. – AMBASSADE DU PAPE SAINT LEON.

Attila était-il vaincu ? Il prétendait bien que non, et, aux yeux de son peuple, il ne l'était point. Regagner ses foyers sain et sauf, en compagnie d'une partie de ses troupes et de ses chariots pleins de butin, ce n'était pas revenir vaincu, au moins d'après les idées que les peuples nomades se font de la guerre, et, afin d'ajouter au fait une démonstration qui parût sans réplique, Attila, dès le printemps suivant, entra en Italie avec une armée reposée et complétée.

Au reste, les Huns n'étaient pas les seuls à prétendre que leur roi n'avait point été vaincu ; les ennemis personnels d'Aëtius, les envieux, les flatteurs de la cour impériale, où la puissance du patrice était redoutée, le criaient encore plus haut. Ceux-là même qui reconnaissaient que le champ de bataille de Châlons était resté aux aigles romaines en attribuaient l'honneur à Théodoric et à ses Visigoths. Dans cette cour, réceptacle de toutes les lâchetés, on aimait mieux abaisser Rome devant des

Barbares, alliés incertains et dangereux, que d'avouer qu'elle devait son salut au génie d'un grand général. La haine alla plus loin : elle peignit l'organisateur de la défense des Gaules, le vainqueur de Châlons, le tacticien habile qui aurait peut-être détruit les Huns jusqu'au dernier sans la désertion des Visigoths, comme un traître, coupable d'avoir laissé échapper Attila pour se rendre lui-même nécessaire. Qu'était-ce pour lui qu'Attila, répétait la tourbe des détracteurs, sinon l'instrument de sa fortune, l'épouvantail au moyen duquel il régnait sur l'empereur et sur l'empire, et leur faisait sentir perpétuellement le poids de son épée ? Et l'on ne manquait pas de rappeler les anciennes relations d'Aëtius avec la nation des Huns, l'amitié que lui portait le roi Roua, oncle d'Attila, et les troupes qu'il avait reçues de ce Barbare pour rentrer dans l'empire après son exil. On semblait en conclure qu'Aëtius rendait au neveu les services qu'il devait à l'oncle. Des calomnies de ce genre, et d'autres encore dont on retrouve la trace çà et là dans les écrivains de ce siècle et du siècle suivant, ébranlaient l'autorité morale du patrice au moment où cette autorité seule pouvait ranimer des esprits paralysés par la peur. Il faut le dire aussi, Aëtius prêtait le flanc aux attaques par son orgueil démesuré et par des prétentions qui s'élevaient presque jusqu'au trône, car il s'était mis en tête de marier son fils Gaudentius à la princesse Eudoxie,

191

fille de Valentinien, et l'empereur entretint cette espérance tant qu'il eut besoin de lui : ce fut toute l'histoire de Stilicon, sa grandeur, son ambition et sa chute.

À l'issue de la campagne des Gaules, Aëtius avait ramené ses légions en Italie ; mais elles étaient loin de suffire pour cette nouvelle guerre, et maintenant qu'il s'agissait de protéger le siège même de l'empire, il n'avait autour de lui ni les auxiliaires barbares, ni les volontaires nationaux, ni cet élan patriotique qu'il rencontrait à l'ouest des Alpes. Nul ne songeait à résister : « La peur, dit tristement un contemporain, livrait l'Italie sans défense. » Cependant Attila approchait des Alpes Juliennes. Au milieu de cette terreur panique dont la cour de Ravenne donnait le premier exemple, Aëtius, pris au dépourvu, découragé, proposa, dit-on, à Valentinien de l'emmener hors de l'Italie, probablement dans les Gaules. Gardien de l'empereur et responsable de sa tête, il voulait mettre d'abord en sûreté ce terrible dépôt, afin de pourvoir avec plus de liberté aux nécessités d'une guerre qui commençait si mal. Peut-être espérait-il décider les Visigoths à le suivre en Italie, peut-être comptait-il sur les Burgondes. En tout cas, il avait envoyé à Constantinople solliciter de prompts secours près de l'empereur Marcien. Mais, quel que fût son plan, approprié à la fatale condition de sauver avant tout l'empereur, il y dut renoncer aussitôt. L'idée d'emmener le prince hors de l'Italie souleva un tel concert de clameurs, qu'Aëtius n'osa pas la soutenir : il se résigna à tenir la campagne comme il pourrait jusqu'à l'arrivée des secours qu'il demandait en Orient. À défaut de ce premier projet, qui était assurément le plus sage, voici celui qu'il adopta. Hors d'état de couvrir à la fois Ravenne et Rome, la résidence des Césars et la métropole historique du monde romain, et se souvenant qu' Alaric n'avait eu si bon marché de celle-ci que par la nécessité où se trouvaient les légions de garder l'autre, il se décida à sacrifier Ravenne et transporta Valentinien à Rome, dont il fit réparer les murailles. En même temps il concentra ses forces en-deçà du Pô, à l'exception des garnisons de quelques villes importantes telles qu'Aquilée, abandonnant dès le début l'Italie Transpadane à ses propres ressources. C'était à peu près le plan qu'il avait suivi dans la campagne des Gaules : il plaçait sa ligne d'opérations au midi du Pô, comme il l'avait mise alors au midi de la Loire.

Pendant tous ces débats, Attila s'avançait à grandes journées. Parti de sa résidence en plein hiver, il prit le chemin le plus direct et le plus commode pour une armée, la route d'étapes des légions de Sirmium à Aquilée, ligne principale de communication entre Rome, et Constantinople. Cette route passait par les villes d'Émone et de Nauport, aujourd'hui Laybach et Ober-Laybach. Au midi de Nauport commençait l'ascension des Alpes Juliennes, que dominait le poste du *Poirier*, ainsi nommé de quelque poirier sauvage semé là par la nature au milieu des rocs et des tempêtes. Au pied de la descente, sur le versant italien, était établi un camp permanent, bordé par le torrent de Wipach, alors appelé la *Rivière Froide* : ce camp et le défilé du Poirier formaient la clôture des Alpes Juliennes. C'est là que, cinquante-sept ans auparavant, avait été livrée, par Eugène et Arbogaste, à Tliéodose arrivant d'Orient, la fameuse bataille qui décida du double triomphe du catholicisme et de la seconde maison flavienne dans tout l'empire. Maintenant ce camp était désert. Les Italiens, qui trouvaient encore des bras pour la guerre civile, n'en avaient plus contre l'invasion étrangère.

À vingt-deux milles du camp de la Rivière Froide coulait le torrent de l'Isonzo, alors nommé Soutins, qui, plus d'une fois, avait servi da barrière dans les guerres intestines de Rome : Attila le traversa sans coup férir. Du pont de l'Isonzo jusqu'aux murs d'Aquilée s'étendait une campagne ouverte, toute plantée d'arbres et de vignes, dont les longues files s'alignaient en berceaux. La fertilité de la Vénétie, la mollesse de son climat, la précocité de ses printemps, étaient célèbres chez les anciens : « Au premier souffle de l'été, dit un historien romain, on voyait tout ce pays se couronner de fleurs et de pampres comme pour une fête. » L'armée des Huns n'y laissa après elle que des débris et des cendres. Ce fut aux remparts d'Aquilée qu'Attila rencontra sa première résistance.

Aquilée, la plus grande et la plus forte place de toute l'Italie, servait de boulevard à cette presqu'île sur le point le plus vulnérable, où la menaçaient tantôt les incursions subites des Barbares du Danube, tantôt les entreprises mieux calculées des empereurs de Constantinople. Le fleuve Natissa en baignait tout le côté oriental, et, versant une partie de ses eaux dans un large fossé circulaire, garantissait de toutes parts la haute muraille flanquée de tours et l'enveloppait comme d'une ceinture. Aquilée n'avait pas moins d'importance comme place de commerce que comme place de guerre ; ses habitants, tour à tour soldats, trafiquants et marins, concentraient dans leurs murs, depuis cinq cents ans, l'échange des exportations de l'Italie avec les importations de l'Illyrie, de la Pannonie et des pays barbares d'outre Danube : celui du vin, du blé, de l'huile et des objets fabriqués contre des esclaves, du bétail et des pelleteries. Son port, situé quatre lieues plus bas, à l'embouchure du fleuve, passait pour un des meilleurs de l'Adriatique ; du moins était-il, en temps ordinaire, le mieux gardé, car il servait de station à la flotte chargée de protéger cette mer et de réprimer la piraterie. Qu'était devenue cette

195

flotte en 452 ? Avait-elle déjà péri dans la dissolution chaque jour croissante des forces romaines ? L'empereur, au contraire, l'avait-il rappelée pour la joindre à la flotte de Ravenne et couvrir plus sûrement le domicile des Césars ? On l'ignore ; mais elle ne joue aucun rôle dans les opérations de la guerre que nous racontons. Si forte en même temps par la nature et par l'art, Aquilée était considérée comme imprenable, lorsqu'elle voulait bien se défendre. Alaric avait échoué devant elle, et de mémoire d'homme on ne pouvait citer à son déshonneur qu'une surprise qui la fit tomber, en 361, au pouvoir des soldats de Julien. Aquilée, à cette époque, s'étant déclarée pour l'empereur Constance, une division de l'armée de Julien dut en faire le siège ; mais la ville résista vaillamment. À bout de science et de courage, les assiégeants eurent recours à un stratagème resté fameux dans l'histoire de la poliorcétique : ayant amarré ensemble trois grands navires qu'ils recouvrirent d'un plancher, ils construisirent dessus trois tours de la hauteur du rempart et munies de crampons de fer et de ponts-levis, puis ils lancèrent la machine flottante, à la dérive, sur le fleuve. Quand elle eut atteint le flanc de la muraille, les soldats qui la montaient jetèrent les crocs, baissèrent les ponts, et, se précipitant dans la ville, en ouvrirent les portes à coups de hache.

Si le roi des Huns comptait dans son armée des soldats assez hardis pour exécuter un pareil coup de main, il n'avait pas d'ingénieurs capables de le préparer ; en tout cas, il n'y songea point, mais il employa contre Aquilée les moyens ordinaires des sièges, les sapes, les béliers, les escalades, les mines, le tout sans nul succès. Bien secondée parles habitants, la garnison faisait face à tout, et une place qui avait résiste aux attaques méthodiques des légionnaires de Julien se riait de l'impéritie des Huns. Chaque jour, venait de la part d'Attila quelque tentative nouvelle que l'audace ou la ruse des assiégés changeait en désastre pour lui. Le jeu des machines, les sorties, les alertes nocturnes épuisaient et décimaient ses troupes. Trois grands mois s'écoulèrent dans ce travail impuissant ; les chaleurs se faisaient déjà sentir, et la campagne, livrée à une dévastation continuelle, ne fournit bientôt plus ni fourrages ni vivres. Cependant on apprenait que les secours demandés par Aëtius à l'empereur d'Orient venaient de débarquer dans le midi de l'Italie ; le bruit se répandit même que l'empereur Marcien, ne voulant pas borner là son assistance, préparait une descente en Pannonie et menaçait la retraite des Huns. Enclins au découragement quand il leur fallait se battre contre des murailles, les Barbares s'épouvantaient au souvenir des désastres qui avaient accompagné le siège d'Orléans, et, chose étonnante dans l'armée d'Attila, le camp retentissait de plaintes et de murmures. Celui-ci, impatient et blessé dans son orgueil, ne savait plus que résoudre. Poursuivre sa marche à travers l'Italie en laissant Aquilée derrière lui, c'était une imprudence qui pouvait le perdre ; s'avouer vaincu en se retirant sans avoir ni pillé ni combattu, c'était une honte qu'il n'osait pas affronter à tout prix, il lui fallait Aquilée. Un incident que tout autre eût négligé la lui livra en imprimant au courage des Huns un élan nouveau et en quelque sorte surnaturel.

Un jour qu'en proie à ses anxiétés il se promenait autour des murs en étudiant l'état de la ville, il vit des cigognes s'envoler avec leurs petits d'une tour en ruine, où elles avaient niché, et gagner au loin la campagne, portant les uns sur leur dos et guidant le vol des autres, qui les suivaient en hésitant. Attila s'arrêta quelques moments pour observer ce manège, puis, se tournant vers ceux qui l'accompagnaient : « Regardez, dit-il, ces oiseaux blancs ; ils sentent ce qui doit arriver : habitants d'Aquilée, ils abandonnent une ville qui va périr ; ils désertent, dans la prévoyance du péril, des tours condamnées à tomber. Et ne croyez pas que ce présage soit vain ou incertain, ajouta-t-il ; la terreur d'un danger imminent change les habitudes des êtres qui ont le pressentiment de l'avenir. » Ces paroles, prononcées à dessein, furent bientôt répétées dans tout le camp. Attila avait frappé juste : l'espèce d'autorité surhumaine dont il savait se fortifier dans les grandes circonstances agit encore cette fois sur des esprits découragés. Aussitôt une nouvelle ardeur transporte les Huns ; ils construisent des machines, ils essaient tous les moyens de destruction, ils multiplient les escalades, et enlèvent enfin la ville, qu'ils pillent et dont ils se partagent les dépouilles. Leurs ravages furent si cruels, écrivait Jornandès un siècle après, qu'à peine reste-t-il aujourd'hui quelques vestiges de cette malheureuse cité comme pour indiquer la place qu'elle occupait. Le viol se mêla, dans cette horrible journée, à l'extermination et au pillage. L'histoire conserve le souvenir d'une jeune et belle femme appelée Dougna on Digna, qui, se voyant poursuivie par une troupe de ces brigands, s'enveloppa la tête de son voile, et, s'élançant du haut de sa maison, disparut dans la profondeur du fleuve.

Tel est le bref et sombre récit des historiens ; mais la tradition, comme toujours, s'est plu à enjoliver les événements. Elle raconte qu'Attila, surpris par une troupe nombreuse d'Aquiléens dans une reconnaissance qu'il faisait seul pendant la nuit, leur tint tête longtemps, adossé contre un des murs de la ville, l'arc au poing, l'épée entre les dents, et ne leur échappa qu'en franchissant un monceau de cadavres : on le reconnut, dit le vieux conte populaire, aux flammes de ses prunelles qui jetaient un éclat sinistre. Les Vénitiens, assure-t-on, montrent encore son casque, resté sur le champ de bataille. Une autre tradition moins héroïque veut que les habitants d'Aquilée soient parvenus à se sauver dans leurs lagunes au moyen d'un de ces stratagèmes impossibles qui charment la crédulité des masses. Pour protéger leur retraite vers la mer et occuper l'attention des Huns pendant qu'ils transportaient sur des chariots leurs familles et leurs biens, ils placèrent, dit-on, sur le rempart, en guise de sentinelles, des statues armées de pied en cap, de sorte qu' Attila, après avoir forcé la place, ne trouva plus que des maisons vides, gardées par des défenseurs de pierre et de bois. Ces historiettes s'accordent mal avec les faits. D'abord Attila ne risquait jamais sa vie sans nécessité ; puis les faibles restes de la population aquiléenne ne se réfugièrent pas à Venise, qui n'existait pas, mais à Grado ; enfin les Aquiléens ne furent point épargnés. Attila fit peser sur la ville qui l'avait osé braver une de ces ruines épouvantables dont l'exemple devait profiter à ses ennemis.

L'exemple profita, et ce fut dans toute la Vénétie un sauve-qui-peut général. Concordia, Altinum, Padoue elle-même, ouvrirent leurs portes : leurs habitants les avaient en partie désertés. De ces villes et des villes voisines, on- se sauvait dans les îlots du rivage, qui formaient à marée haute un archipel inaccessible, visité seulement par les oiseaux de mer et par quelques pêcheurs misérables. On dit que les Padouans se rendirent à Rivus-Altus, aujourd'hui Rialto, les émigrés de Concordia à Caprula, ceux d'Altinuin aux îles Torcellus et Maurianus ; Opitergium envoya les siens à Equilium, Alteste et Mons-Silicis à Philistine, Métamaucus et Clodia. D'autres invasions succédèrent à celle des Hans, d'autres ravages à ces ravages, et les fugitifs ne regagnèrent point la terre ferme ; ils restèrent citoyens des lagunes, sous la garde de la mer, qui savait du moins les protéger. Du sein de ces misères naquit la belle et heureuse ville de Venise, assise sur ses soixante-douze îles ; mais la reine de l'Adriatique ne sortit pas d'un seul jet de l'écume des flots, comme Vénus, à qui les poètes l'ont si souvent comparée. Un demi-siècle après le passage d'Attila, l'archipel vénitien ne présentait encore qu'une population faible, pauvre, mais industrieuse, de pêcheurs, de marins et de saulniers. Voici en quels termes Cassiodore, au nom de Théodoric-le-Grand, écrivait à ces ancêtres des doges pour leur ordonner de convoyer de l'huile et du vin des ports de l'Istrie à Ravenne ; ce curieux spécimen des circulaires ministérielles du Vè siècle est le plus ancien titre de noblesse des fiers patriciens de Venise :

« AUX TRIBUNS DES HABITANS DES LAGUNES.

« Nous aimons à nous représenter vos demeures qui touchent au midi Ravenne et les bouches du Pô, et qui jouissent à l'orient de l'agréable spectacle des rivages ioniens. La mer, par un mouvement alternatif, les entoure et les abandonne ; tantôt elle couvre la plage, et tantôt elle la découvre. Vos maisons ressemblent à des nids d'alcyons, vos villages à des écueils faits de main d'homme, car c'est vous qui les créez, ou du moins vous en exhaussez le sol au moyen de terres apportées du continent, et que vous retenez par des claies d'osier, ne mettant que ce frêle rempart entre vous et l'effort des eaux… Le poisson forme à peu près toute votre subsistance. En aucun lieu du monde, on ne voit la richesse et la pauvreté vivre sous une loi plus égale que parmi vous : même nourriture pour toutes les tables, même toit de chaume pour toutes les familles. Chez vous, le voisin ne jalouse pas les pénates du voisin, et, grâce à la commune nature de vos biens, vous échappez à l'envie, qui est un des grands fléaux d'ici-bas. L'exploitation des salines fait votre travail principal ; le cylindre du saulnier remplace dans vos mains la charrue du laboureur et la faux du moissonneur, car le sel est votre culture et votre récolte… Or donc, radoubez sans perdre un instant ces navires que vous attachez aux, boucles de vos murs comme des animaux domestiques, et lorsque le très expérimenté Laurentius, que nous avons chargé de réunir en Istrie des provisions de vin et d'huile, vous avertira de partir, accourez tous à son appel. »

La Vénétie fut mise à feu et à sang, puis les Huns passèrent dans la Ligurie, qu'ils ne traitèrent pas plus doucement. L'histoire ne cite comme ayant été saccagées que deux villes de cette dernière province, Milan et Ticinum, à présent Pavie ; la tradition locale les cite presque toutes, et malheureusement elle a pour elle la vraisemblance. Ainsi on peut croire que Vérone, Mantoue, Brescia, Bergame, Crémone, n'échappèrent pas à la destruction ou du moins au ravage. Les villes situées au midi du Pô eurent beaucoup moins à souffrir, attendu que différents corps de l'armée romaine y battaient le pays, et qu'Attila contenait par prudence la masse de ses troupes au nord du fleuve. Son séjour à Milan fut signalé par une aventure que l'histoire n'a pas dédaigné de recueillir, et où perce l'esprit moqueur et fier du roi des Huns. Il avait remarqué, en parcourant la ville, une de ces peintures murales dont les Romains aimaient à décorer leurs portiques, et s'arrêta pour l'examiner. Le tableau représentait deux empereurs majestueusement assis sur des trônes dorés, le manteau de pourpre sur les épaules et le diadème au front, tandis que des Scythes (l'historien ne dit pas si c'étaient des Huns ou des Goths), prosternés à leurs pieds comme après une défaite, semblaient leur demander merci. Attila ordonna d'effacer sur-le-champ cette insolente peinture, et de le représenter lui-même sur un trône, ayant en face de lui les empereurs romains, le dos chargé de sacs et répandant à ses pieds des flots d'or.

Le temps s'écoulait cependant, on était au commencement de juillet, et les grandes chaleurs développèrent des maladies dans l'armée des Huns, affaiblie par tous les excès, et qui d'ailleurs, gorgée de dépouilles, ne souhaitait plus que de les voir en sûreté. Le climat, ce fidèle auxiliaire des Italiens contre les invasions du Nord, combattait libéralement pour eux et justifiait bien la prévoyance d'Aëtius. Les Hans se consumaient eux-mêmes ; leurs excès avaient amené la famine en même temps que la peste, et déjà la Transpadane ne pouvait plus les nourrir. Dans cette situation, Attila dut prendre un parti : passer le Pô, marcher sur Rome hardiment, forcer le passage des Apennins, et livrer à Aëtius la bataille que celui-ci semblait fuir, c'était le parti qui convenait le mieux à son orgueil, mais que son armée désapprouvait. Chefs et soldats désiraient tous que la campagne finit là cette année, sauf à recommencer l'année suivante, car elle leur avait été fructueuse ; ils y avaient ramassé, sans fatigue, des richesses immenses, et leurs chariots étaient combles de butin. À cette considération très puissante sur des troupes qui ne faisaient la guerre que pour piller, il s'en joignait une autre d'un ordre différent, mais presque aussi forte que la première. L'idée de voir

Attila marcher sur Rome les remplissait d'une crainte superstitieuse. Quoique l'inviolabilité de la métropole du monde romain eût disparu depuis un demi-siècle devant l'attentat d'Alaric, et que sa puissance, si souvent abaissée, ne fût plus qu'un mot, ce mot remuait toujours les cœurs, et l'ombre de la ville des Césars restait debout, environnée de la majesté des tombeaux. Lever l'épée sur elle semblait un arrêt de mort contre le profanateur. Alaric lui-même en fournissait une preuve incontestable pour des esprits crédules, lui dont la mort avait suivi si promptement la fatale victoire. En même temps donc qu'Attila, excité par ses instincts superbes, rêvait pour home une humiliation qui eût dépassé toutes les autres, ses compagnons cherchaient à l'en dissuader ; « ils craignaient, dit Jornandès, qu'il n'éprouvât le sort du roi des Visigoths, qui avait à peine survécu au sac de Rome, et s'était vu presque aussitôt enlevé du monde. » Le cœur du fils de Moundzoukh n'était pas inaccessible aux appréhensions superstitieuses ; il venait en outre d'apprendre que l'armée envoyée par l'empereur Marcien se dirigeait sur la Pannonie dans l'intention de l'attaquer au débouché des Alpes et de lui couper la retraite ; pourtant, malgré sa prudence ordinaire, le désir de frapper un coup éclatant balançait en lui les anxiétés de la crainte et les calculs de la raison. Il donna ordre à ses troupes de se concentrer au-dessous de Mantoue, près du confluent du Pô et du Mincio, sur la grande voie qui conduisait à Rome par les Apennins : lui-même arriva au rendez-vous, encore incertain de ce qu'il déciderait.

Le projet d'Attila, confirmé par le mouvement de l'armée hunnique, répandit l'épouvante dans Rome, qui ne se savait pas elle-même si redoutable. L'empereur, le sénat et le peuple, qui fut consulté pour cette fois, s'accordèrent dans la pensée qu'il fallait s'humilier devant le conquérant barbare, et obtenir à tout prix qu'il ne marchât pas sur la ville supplications, présents, offre d'un tribut pour l'avenir, on résolut de tout employer plutôt que de courir la chance d'un siége. Rome jadis refusa de traiter lorsque l'ennemi était à ses portes : aujourd'hui elle se hâtait de le faire avant que l'ennemi s'y présentât. « Dans tous les conseils du prince, du sénat et du peuple romain, dit avec une amère raillerie le chroniqueur Prosper d'Aquitaine, témoin des événements, rien ne parut plus salutaire que d'implorer la paix de ce roi féroce. « Le silence de l'histoire justifie du moins Aëtius de toute participation à un acte aussi honteux. À la tête de son armée et méditant, selon toute apparence, le plan de défense des Apennins, le patrice s'occupait de sauver Rome : elle ne le consulta pas pour se livrer. Cependant, afin de couvrir autant que possible l'ignominie de la négociation par l'éminence du négociateur, on choisit pour chef de l'ambassade le successeur même de saint Pierre, le pape Léon, auquel furent adjoints deux sénateurs illustres, dont l'un, nommé Gennadius Aviénus, prétendait descendre de Valérius Corvinus, et, suivant l'expression de Sidoine Apollinaire, « était prince après le prince qui portait la pourpre. »

Léon, que l'église romaine a surnommé le *Grand*, et l'église grecque le *Sage*, occupait alors le siège apostolique avec un éclat de talent et une autorité de caractère qui imposaient même aux païens. Les gens lettrés le proclamaient, par un singulier abus de langage, le Cicéron de la chaire catholique, l'Homère de la théologie et l'Aristote de la foi ; les gens du monde appréciaient en lui ce parfait accord des qualités intellectuelles que son biographe appelle, avec un assez grand bonheur d'expression, « la santé de l'esprit, » savoir : une intelligence ferme, simple et toujours droite, et une rare finesse de vue, unie au don de persuader. Ces qualités avaient fait de Léon un négociateur utile dans les choses du siècle, en même temps qu'un pasteur éminent dans l'église. Il n'était encore que diacre, lorsqu'en 440 il plut à la régente Placidie de l'envoyer dans les Gaules pour apaiser, entre Aëtius et un des grands fonctionnaires de cette préfecture nommé Albinus, une querelle naissante, qui pouvait conduire à la guerre civile et embraser tout l'Occident. Léon, arrivé avec la seule recommandation de sa personne, parvint à réconcilier deux rivaux qui passaient à bon droit pour peu traitables, et pendant ce temps-là le peuple et le clergé de Rome, à qui appartenait l'élection des papes, l'élevaient à la chaire pontificale, quoiqu'il ne fût pas encore prêtre, tant ses vertus, dans l'estime publique, marchaient de pair avec ses talons. Depuis lors, il n'avait fait que grandir en expérience et en savoir par la pratique des affaires de l'église, qui embrassaient un grand nombre d'intérêts séculiers. L'histoire nous le peint comme un vieillard d'une haute taille et d'une physionomie noble que sa longue chevelure blanche rendait encore plus vénérable. C'était sur lui que l'empereur et le sénat comptaient principalement pour arrêter le terrible Attila. Il n'y avait pas jusqu'à son nom de *Leo*, lion, qui ne semblât d'un favorable augure pour cette négociation difficile, et le peuple lui appliquait comme une prophétie le verset suivant des proverbes de Salomon : « Le juste est un lion qui ne connaît ni l'hésitation ni la crainte. »

Les ambassadeurs voyagèrent à grandes journées, afin de joindre Attila avant qu'il eût passé le Pô ; ils le rencontrèrent un peu au-dessous de Mantoue, dans le lieu appelé Champ Ambulée, où se trouvait un des gués du Mincio. Ce fut un moment grave dans l'existence de la ville de Rome que celui où deux de ses enfants les plus illustres, un représentant des vieilles races latines qui avaient conquis le monde par l'épée, et le chef des races nouvelles qui le conquéraient par la religion, venaient mettre aux pieds d'un roi barbare la rançon du Capitole. Ce fut un moment non moins grave dans la vie d'Attila. Les récits qui précèdent nous ont fait voir le roi clos Huas dominé surtout par l'orgueil, et, si avare qu'il fût, plus altéré encore d'honneurs que d'argent. L'idée d'avoir à ses genoux Rome suppliante, attendant de sa bouche avec tremblement un arrêt de vie ou de mort, abaissant la toge des Valérius et la tiare des successeurs de Pierre devant celui qu'elle avait traité si longtemps comme un barbare misérable, employant en un mot pour le fléchir tout ce qu'elle possédait de grandeurs au ciel et sur la terre cette idée le remplit d'une joie qu'il ne savait pas cacher. Se faire reconnaître vainqueur et maître, c'était à ses yeux autant que l'être en effet ; d'ailleurs il humiliait Aëtius, dont il brisait l'épée d'un seul mot. Sa vanité et celle de son peuple se trouvaient satisfaites, et il pouvait repartir sans honte. Sous l'influence de ces pensées, il ordonna qu'on lui amenât les ambassadeurs romains, et il les reçut avec toute l'affabilité dont Attila était capable.

Pour cette entrevue solennelle, les négociateurs avaient pris les insignes de leur plus haute dignité ; l'histoire nous dit que Léon s'était revêtu de ses habits pontificaux, et une révélation de la tombe nous a fait connaître en quoi ce vêtement consistait. Léon portait une mitre de soie brochée d'or, arrondie à la manière orientale, et, par-dessus sa dalmatique, un long pallium de pourpre brune orné d'une petite croix rouge sur l'épaule droite et d'une autre plus grande au côté gauche de la poitrine. Sitôt qu'il parut, il devint l'objet de l'attention et des prévenances du roi des Huns. Ce fut lui qui exposa les propositions de l'empereur, du sénat et du peuple romain. En quels termes le fit-il ? comment parvint-il à déguiser sous la dignité du langage ce qu'avait de honteux une demande de paix sans combat ? comment conserva-t-il encore à sa ville quelque grandeur en la montrant à genoux ? Par quelle inspiration merveilleuse sut-il contenir dans les bornes du respect ce -barbare enflé d'orgueil, qui faisait payer si cher sa clémence par la moquerie et le dédain ? S'il évoqua la puissance des saints apôtres pour protéger la cité gardienne de leurs tombeaux, s'il rappela le conquérant aux sentiments de sa propre fragilité par l'exemple de la fragilité des nations, nous ne pouvons que le supposer : l'histoire, qui nous voile si souvent ses secrets, a voulu nous dérober celui-là. Un chroniqueur contemporain, Prosper d'Aquitaine, qui fut secrétaire de Léon ou du moins son collaborateur dans plusieurs ouvrages, nous dit seulement « qu'il s'en remit à l'assistance de Dieu, qui ne fait jamais défaut aux efforts des justes, et que le succès couronna sa foi. » Attila lui accorda ce qu'il était venu chercher, la paix moyennant un tribut annuel, et promit de quitter l'Italie. L'accord fut conclu le 6 juillet, jour de l'octave des apôtres saint Pierre et saint Paul.

Il ne paraît pas qu'Attila, dans le cours de ses explications avec le pape et les deux consulaires, ait rien dit de sa fiancée Honoria et de sa volonté de l'avoir pour femme, car Léon lui aurait facilement fait comprendre que, d'après les lois romaine et chrétienne, Honoria, épouse d'un autre, ne pouvait plus être à lui. Cependant, par bizarrerie ou par calcul, afin de se conserver toujours un prétexte de guerre, il déclara en partant qu'il voulait qu'Honoria lui fût envoyée avec ses trésors en Hunnie, faute de quoi il la viendrait chercher à la tête d'une autre armée au printemps suivant. Tel fut le souvenir dérisoire adressé par le roi des Huns à la sœur de l'empereur, à la petite-fille du grand Théodose dernier témoignage de son mépris pour cette coupable folle, dans laquelle il ne vit jamais qu'un vil instrument aussi indigne de ses désirs que de son respect.

Pour retourner chez lui, il ne prit pas, comme en venant, la route des Alpes Juliennes, de peur de rencontrer, au débouché des montagnes, l'armée que Marcien venait d'envoyer en Pannonie : remontant le cours de l'Adige, il suivit celle des

Alpes Noriques, et ses soldats, malgré la conclusion de la paix, pillèrent la ville d'Augusta, Ausbourg, qui se trouvait sur leur chemin. Au passage de la rivière de Lech, qui coule près de cette ville et se perd dans le Danube, un incident singulier jeta parmi les Huns une sorte d'inquiétude superstitieuse. À l'instant où le cheval du roi entrait dans l'eau, une femme d'une figure étrange et d'un accoutrement misérable, telle qu'on pourrait se peindre les sorcières de la Pannonie ou les druidesses de la Gaule, se précipita au-devant de lui, et, le saisissant à la bride, s'écria par trois fois d'un ton de voix solennel : « Arrière, arrière, Attila ! » comme pour signifier que quelque grand danger attendait le roi des Huns au but de son voyage. Au reste, les soldats jugeaient assez diversement l'issue de la guerre qui venait de finir. Ils n'avaient pas vu sans quelque surprise un prêtre romain obtenir de leur roi ce que celui-ci avait obstinément refusé aux remontrances de ses capitaines, et, se rappelant qu'il avait empêché le pillage de Troyes l'année précédente à la prière de l'évêque Lupus, saint Loup, ils disaient dans leurs grossières plaisanteries qu'Attila, invincible vis-à-vis des hommes, se laissait dompter par les bêtes.

L'armée romaine orientale occupait déjà la Mésie, toute prête à attaquer le pays des Huns ; mais, lorsqu'elle apprit que la paix avait été définitivement conclue entre Attila et l'empire d'Occident, elle s'abstint de toute hostilité : Toutefois Attila fit prévenir Marcien qu'il irait le trouver au printemps prochain, dans son palais de Constantinople, si le tribut convenu autrefois par Théodose II n'était pas immédiatement payé. Marcien, qui n'était pas homme à céder comme Valentinien, répondit aux menaces par des menaces contraires, aux levées de troupes par des préparatifs de défense. Quelques batailles livrées aux Alains du Caucase, qui s'étaient révoltés en son absence, terminèrent pour Attila cette année 452. Jornandès, par une singulière confusion que semble produire dans son esprit la similitude des noms, transforme la guerre dont je viens de parler contre les tribus Alaniques de l'Asie en une seconde campagne des Gaules, dirigée contre Sangiban et les Alains de la Loire, et même contre les Visigoths. L'erreur est trop manifeste pour avoir ici besoin d'une réfutation. L'ensemble des documents historiques atteste qu'Attila passa tranquillement l'hiver sur les bords du Danube, faisant de grands apprêts pour l'année 453; mais, dans les desseins de la Providence, cette année ne lui appartenait déjà plus.

## II. – MORT D'ATTILA. – DISSOLUTION DE SON EMPIRE.

Nous transporterons maintenant nos lecteurs dans la bourgade royale des Huns et dans ce palais de planches où nous les avons déjà introduits à la suite de Maximin et de Priscus, de Vigilas et d'Édécon. Une grande fête s'y préparait, et la salle des festins voyait circuler plus activement que jamais les échansons et les coupes. Les poètes huns et les scaldes goths s'étaient remis à l'œuvre, la voix des jeunes filles marchant par bandes sous les voiles blancs faisait encore retentir l'air du chant des hymnes; mais cette fois c'étaient des hymnes d'amour, car Attila se mariait. La nouvelle femme qu'il ajoutait à son troupeau d'épouses n'était point la fille des Césars, sa fiancée Honoria, qu'il avait eu soin de laisser en Italie : celle-ci, d'une grande jeunesse et d'une admirable beauté, dit l'histoire, se nommait Ildico. Ce nom, que Jornandès emprunte aux récits de Priscus, présente, malgré l'altération que lui a fait subir l'orthographe des Grecs, une physionomie germanique incontestable, et la tradition du Nord nous le reproduit sous une forme plus pure dans celui de Hilt-gund ou Hildegonde. Qu'était-ce qu'Ildico ? La tradition germaine en fait une fille de roi, tantôt d'un roi des Franks d'outre-Rhin, tantôt d'un roi des Burgondes ; la tradition hongroise, qui l'appelle Mikoltsz, lui donne pour père un prince des Bactriens, et ce qui semble confirmer historiquement les indications de la poésie traditionnelle, c'est la solennité même de cette noce, célébrée avec tant de pompe, et si différente du mariage presque clandestin qu'Attila contractait en 449 avec la fille d'Eslam. La tradition germanique ajoute qu'Attila avait tué jadis, pour s'emparer de leurs trésors, les parents de cette jeune fille qu'il appelait maintenant dans son lit. Ces sortes de mariages, où la politique se mêlait à la licence des mœurs, n'étaient pas rares chez les Huns, non plus que chez les Mongols, leurs frères. À côté du cruel droit de la guerre qui mettait entre leurs mains la vie de leurs ennemis, existait la nécessité de se concilier les vaincus, et le vainqueur d'une tribu épousait fréquemment la veuve ou la fille du chef qu'il avait assassiné. C'était une des causes de la multiplication des mariages chez les conquérants asiatiques : Tchinghiz-Khan et ses successeurs comptèrent parmi leurs nombreuses épouses plusieurs de ces doubles victimes de la politique et de la guerre, et celles-ci se résignaient à leur sort assez volontiers ; mais des mœurs si farouches, étrangères à la race germanique, chez laquelle les femmes jouissaient d'une grande autorité morale dérivant des vieilles croyances religieuses, ne devaient pas rencontrer de leur part la même docilité que de la part des femmes de l'Asie, presque réduites à l'esclavage. Quoi qu'il en soit, cette seconde donnée de la tradition ne doit pas être négligée : elle jette un trait lumineux sur les mystères de ces noces sanglantes.

La rare beauté d'Ildico avait été au cœur d'Attila, et pendant les fêtes du mariage, nous dit Jornandès, le roi des Huns se livra à une joie extrême. La coupe de bois où versait l'échanson royal se remplit et se vida plus que de coutume, et lorsque, de la salle du festin, Attila passa dans la chambre nuptiale, sa tête, suivant l'expression du même historien, était chargée de vin et de sommeil. Le lendemain matin, on ne le vit point paraître, et une grande partie du jour s'écoula sans qu'aucun bruit, aucun mouvement se fît dans sa chambre, dont les portes restaient fermées en dedans. Les officiers du palais commencèrent à s'inquiéter : ils appellent, rien ne répond à leur voix ; brisant alors les portes, ils aperçoivent Attila étendu sur sa couche, au milieu d'une mare de sang, et sa jeune épouse assise près du lit, la tête baissée et baignée de larmes sous son long voile. Un cri terrible, poussé par tous ces hommes à la fois, fait aussitôt retentir le palais ; saisis d'une douleur furieuse et comme frénétiques, les uns coupent leur chevelure en signe de deuil, les autres se creusent le visage avec la pointe de leurs poignards, car, dit l'écrivain que nous avons déjà cité, « ce n'étaient pas des larmes de femme, mais du sang d'homme, qu'il fallait pour pleurer une telle mort. » De l'enceinte du palais, la nouvelle se répandit avec la rapidité de l'éclair dans la bourgade royale, puis dans tout l'empire des Huns, et la nation entière, des bords du Danube aux monts Ourals, fut bientôt en proie à tous les transports d'un regret inexprimable.

Que s'était-il passé durant cette fatale nuit ? Les bruits qui circulèrent là-dessus hors du palais furent divers et contradictoires ; mais le soin même que mirent les chefs des Huns à prouver que la mort de leur roi avait été naturelle accrédita une version plus sinistre. On prétendit qu'Ildico avait frappé d'un coup de couteau son mari endormi ; quelques-uns ajoutèrent qu'un écuyer du roi l'avait aidée dans la perpétration de son crime, et que l'attentat avait été commis à l'instigation d'Aëtius. Les documents latins qui nous fournissent cette dernière indication donnent lieu de supposer un complot domestique du genre de celui qu'avait tramé quatre ans auparavant le premier ministre de Théodose, mais plus perfide et mieux ourdi. La tradition germanique attribue pour unique mobile à la jeune femme le sentiment de la vengeance et une profonde haine pour l'homme qui, après avoir tué et dépouillé sa famille, venait abuser de sa beauté. La version convenue parmi les Huns, version destinée sans doute à prévenir des accusations, des recherches dangereuses pour la paix, et peut-être une dissolution : immédiate de l'empire, fut que le roi était mort d'apoplexie ; que, sujet à des saignements de nez, il avait été surpris par une hémorragie couché sur le dos, et que le sang, ne trouvant pas son passage habituel au dehors, s'était amassé dans sa gorge et l'avait étouffé. Voici ce que les enfants d'Attila, les chefs et les grands de la cour répandirent en tout lieu par prudence, par politique, par orgueil, et ce qui devint le récit avoué et officiel de sa fin.

Les funérailles de ce potentat du monde barbare furent célébrées avec une pompe sauvage digne de sa vie. Une tente de soie dressée dans une grande plaine, aux portes de la bourgade royale, reçut son cadavre, qui fut déposé sur un lit magnifique, et des cavaliers d'élite, choisis avec soin dans toute la nation, formèrent alentour des courses et des jeux comparables aux combats simulés des cirques romains. En même temps les poètes et les guerriers entonnèrent dans la langue des lions un chant funèbre que la tradition gothique conservait encore au temps de Jornandès, et que nous reproduirons tel que cet historien nous l'a laissé. « Le plus grand roi des Huns, y était-il dit, Attila, fils de Moundzoukh, souverain des plus vaillants peuples, posséda seul, par l'effet d'une puissance inouïe avant lui, les royaumes de Scythie et de Germanie. Il épouvanta par la prise de nombreuses cités l'un et l'autre empire de la ville de Rome : comme on redoutait qu'il n'ajoutât le reste à sa proie, il se laissa apaiser par les prières et reçut un tribut annuel. Et après avoir fait toutes ces choses, par une singulière faveur de la fortune, il mourut, non sous les coups de l'ennemi ni par la trahison des siens, mais dans la joie des fêtes, au sein de sa nation intacte, sans éprouver la moindre douleur. Qui donc racontera cette mort, pour laquelle personne ne trouve de vengeance ? » L'armée, rangée en cercle autour de la tente, répétait ce chœur avec des hurlements lamentables. Aux marques de douleur succéda ce que les Huns appelaient une *strava*, c'est-à-dire un repas funèbre où l'on but et mangea avec excès, car c'était la coutume de ce peuple de mêler la débauche à la tristesse des funérailles. On s'occupa ensuite d'ensevelir le roi. Son cadavre fut enfermé successivement dans trois cercueils : le premier d'or, le second d'argent, et le troisième de fer, pour signifier que ce puissant monarque avait tout possédé : le fer, par lequel il domptait les autres nations ; l'or et l'argent, par lesquels il avait enrichi la sienne. On choisit l'obscurité de la nuit pour le coucher par terre, et l'on plaça à ses côtés des armes prises sur un ennemi mort, des carquois couverts de pierreries et des meubles précieux dignes d'un pareil roi ; puis, afin de dérober tant de trésors à l'avidité ou à la curiosité humaine, les Huns égorgèrent les ouvriers qu'ils avaient employés à creuser la fosse ou à la combler. Les signes prophétiques et les prodiges ne firent pas défaut à un si grand événement que la mort d'Attila.

On raconta que, la nuit même de la catastrophe, l'empereur Marcien avait vu en rêve un arc brisé : cet arc, c'était la puissance des Huns.

En effet, la puissance des Huns fut brisée avec la vie d'Attila. La succession de ce conquérant, qui avait fondé en peu d'années un empire au moins égal à l'empire d'Alexandre, ressembla à celle du Macédonien.

J'ai dit, en répétant le mot de Jornandès, que les fils d'Attila, nés, en divers lieux, de mères différentes et à peu près étrangers les uns aux autres, formaient presque un peuple ; la tradition en compte plus de cinquante, et l'histoire en nomme sept arrivés à l'âge d'homme : Ellakh, Denghizikh, Emnedzar, Uzindur, Uto, Iscalm et Hernakh, le plus jeune de tous et l'enfant de prédilection. Ellakh, l'aîné de ceux qu'il avait eus de son épouse favorite Kerka, était seul capable de maintenir les conquêtes de son père. Attila le pensait, et plusieurs fois il avait désigné Ellakh comme devant être son successeur et le chef futur de la famille ; mais les autres fils n'y consentirent point. Leur père était à peine au cercueil, que leurs rivalités éclatèrent avec violence Ellakh dut se résigner à faire entre eux tous un partage égal de l'empire. Chez les peuples sédentaires, les partages de conquêtes, si orageux qu'ils soient toujours, offrent pourtant de bien moindres difficultés que chez les peuples nomades.

Chez les premiers, la terre offre des limites certaines : un fleuve, une montagne trace la frontière naturelle de deux provinces ; chez les seconds, la terre est l'élément incertain ; la province, c'est la horde avec ses guerriers, ses femmes, ses troupeaux et ses habitations mobiles : le gouvernement des hommes s'y règle par tête comme un lot de bétail. Ce procédé, conforme aux mœurs de l'Asie septentrionale, n'avait rien de blessant pour les vassaux asiatiques ou demi-asiatiques des Huns ; mais il révolta l'orgueil des Germains, qui consentaient à être sous les rois huns des sujets et non pas des choses. Alors arriva la seconde phase de dissolution qui menaçait l'empire d'Attila.

Ce fut le roi des Gépides, Ardaric, ce sage et fidèle conseiller du conquérant, qui donna le signal de l'insurrection contre ses fils. « Indigné de voir traiter tant de braves nations comme des bandes d'esclaves, » dit Jornandès, il fit appel aux enfants de la Germanie pour reconquérir leur liberté ; les Ostrogoths y répondirent et probablement aussi les Hérules et les Suèves ; le reste, avec les tribus sarmates et les Alains, se rangea du côté des Huns. Comme si la rive gauche du Danube n'eût pu leur offrir un champ de bataille suffisant, ils passèrent en Pannonie. Ce fut pour les Romains un spectacle terrible que de voir tous ces peuples animés à leur perte : Huns blancs et Huns noirs, Goths, Alains,

Gépides, Hérules, Ruges, Scyres, Turcilinges, Sarmates, Suèves, Quades, Marcomans, se heurtant, s'étreignant, se détruisant les uns les autres avec une rage féroce. Jornandès les compare aux membres d'un corps dont on a enlevé la tête, et qui, n'avant plus de direction commune, se livrent une guerre insensée. Une bataille décisive donna la victoire aux Gépides : trente mille Huns et vassaux fidèles aux Huns jonchèrent la place ; Ellakh y perdit la vie après avoir fait des prodiges de courage.

Tous ces peuples alors se dispersèrent : Denghizikh, avec le plus grand nombre des enfants d'Attila, gagna les bords du Palus-Méotide et du Dniester, où il continua quelque temps l'empire hunnique dans ses régions orientales. Hernakh, suivi de quatre de ses frères, pénétra dans les provinces romaines de la Dacie Ripuaire et de la petite Scythie, s'y soumit à l'empereur d'Orient, et reçut des terres où se cantonnèrent, outre les Huns, des Alains, des Scyres et d'autres tribus de races diverses qui s'attachèrent à sa fortune. Ardaric établit ses Gépides sur les bords de la Théiss et du Danube, au centre des états d'Attila et dans le lieu où il résidait. Les Huns dépossédés durent fuir à leur tour : il en resta pourtant quelques débris que protégèrent les hautes vallées des Carpathes. On trouve encore aujourd'hui, dans un canton de la Transylvanie, un petit peuple qui ne se confond avec aucun autre, et prétend descendre de ces antiques restes des Huns d'Attila, le petit peuple des Sekel. L'opinion de sa descendance hunnique est ancienne en Hongrie ; elle avait déjà cours au XIIIe siècle, et en effet c'est vers ce pays que durent se retrancher ceux des Huns qui, refusant la protection romaine, cherchèrent pourtant un refuge contre les attaques des Germains. Quant à ceux-ci, ils restèrent pour la plupart dans la Pannonie et l'Illyrie, qu'ils se divisèrent par lambeaux. Les trois Amales, rois des Ostrogoths, occupèrent la Pannonie : Valamir dans sa partie orientale, Théodemir aux environs du lac Pelsod, aujourd'hui Neusiedel, sur les frontières de l'Autriche, et Vidémir dans la région intermédiaire. Ils y vivaient redoutés, caressés et grassement payés par l'empire, dont ils se proclamaient les hôtes et les fédérés ; mais de temps en temps, impatiens du repos, ils tiraient au sort pour savoir lequel d'entre eux saisirait l'épée, et irait piller soit l'Orient soit l'Occident. Les autres Barbares faisaient le même métier avec plus de turbulence encore. Les Ruges, les Scyres, les Turcilinges, pénétrèrent jusqu'au versant méridional des Alpes, et furent admis par troupes nombreuses en Italie. Ils y reçurent des armes et des drapeaux, et on les qualifia d'armée romaine ; ce fut même bientôt la seule force organisée de l'empire d'Occident. Ainsi la Romanie disparaissait pied à pied sous des conquêtes partielles et successives qui l'envahissaient par une marche sûre et irrésistible, comme la marée montante envahit la plage.

La mort d'Attila, en même temps qu'elle jetait dans l'empire d'Occident une foule de peuples déplacés et sans patrie, devint pour lui comme le signal d'une dissolution intérieure. J'ai dit plus haut que l'Occident ébranlé, disloqué, ne se maintenait plus que par le génie d'Aëtius ; Aëtius lui-même tirait sa force et sa nécessité d'Attila, suspendu vingt ans comme un épouvantail sur le monde romain. Quand cette menace cessa, l'empire et l'empereur respirèrent, et Valentinien n'eut plus qu'un désir, celui d'être délivré aussi d'Aëtius. D'ailleurs la dernière campagne avait bien diminué l'importance du patrice Rome savait maintenant par expérience qu'elle n'avait pas besoin de l'épée pour se sauver, et que la bassesse suffisait.

Les ennemis d'Aëtius se remirent donc à l'œuvre avec plus d'ensemble que jamais : on tourna contre lui les cruelles nécessités de la guerre qui venait de finir, la ruine d'Aquilée et l'abandon de la Transpadane ; on lui imputa à crime l'inaction forcée dans laquelle il s'était trouvé ; on nia ses talents, on répéta de toutes parts ce que nous lisons dans Prosper d'Aquitaine, savoir, que le patrice n'avait plus montré en Italie l'habileté militaire dont il avait fait preuve en Gaule. — Ainsi le refroidissement public conspirait contre ce grand homme, *le dernier des Romains*, avec les sourdes machinations des eunuques du palais et la haine mal cachée de Valentinien ; lui, toujours aveugle et confiant, ne voyait rien ou ne voulait rien voir. Valentinien lui avait promis autrefois de lier leurs deux familles par le mariage d'Eudoxie et de Gaudentius : quand le patrice vint réclamer l'exécution de cet engagement, l'empereur se moqua de lui et le promena de délai en délai. Aëtius se plaignit avec hauteur. Un jour qu'on avait écarté à dessein ses plus fidèles amis, on le fit tomber dans un guet-apens infâme, et Valentinien se donna le plaisir de le frapper lui-même de son épée. Ce crime eut lieu en 454 ; en 455, Valentinien périt à son tour, victime de sa perfidie et de ses débauches ; trois mois après, Genséric mettait Rome au pillage.

On peut dire que, depuis la mort d'Aëtius, il n'y eut plus d'empereurs d'Occident ; les Césars éphémères qui endossèrent encore la pourpre ne furent que des lieutenants de patrices barbares, qui les élevaient, les déposaient, les tuaient suivant leur caprice. Les Barbares étaient partout en Occident, individuellement ou en masse ; ils avaient le gouvernement ; il leur fallut bientôt la terre.

La cour d'Attila avait été une pépinière d'aventuriers mêlés à ses entreprises de politique ou de guerre : gens actifs, énergiques, avides d'argent et de jouissances, ils prirent presque tous parti dans les troubles de la seconde moitié du Ve siècle, apportant en Italie, soit comme ennemis soit comme amis des Romains, les facultés et les appétits qu'ils avaient puisés près de l'empereur de la Barbarie. Ainsi nous voyons ce même Oreste qui a figuré dans nos récits devenir maître des milices de l'empereur Népos, puis le déposer et proclamer auguste son propre fils encore dans l'enfance, Romulus, qu'on appela le petit Auguste, *Augustule*. Les Ruges, les Scyres, les Turcilinges, somment alors ce secrétaire d'Attila de leur partager l'Italie, et, sur son refus, Odoacre s'en charge. Le tiers du territoire italien est distribué aux anciens soldats d'Attila ; la dignité d'empereur est supprimée comme une fiction inutile, et Odoacre prend le titre de roi d'Italie. L'histoire nous montre ensuite derrière lui, comme son meurtrier et son successeur, le grand Théodoric, fils du roi ostrogoth Théodémir, un des capitaines du roi des Huns : le nom d'Attila plane sur toute cette transformation de l'Italie.

Dans l'Europe orientale, son esprit anime encore les tronçons de l'empire des Huns ; plusieurs de ses fils se montrent vaillants hommes, et sa gloire ouvre aux derniers bans des nations hunniques un chemin facile vers le Danube. Elles s'y succèdent pendant trois siècles, presque d'année en année, sous les noms d'Outourgours, Koutrigours, Avares, Bulgares, Khazars, jusqu'à ce qu'enfin les Hunnugares ou Oungri, les Hongrois de nos jours, fondent, vers le milieu du VIIIe siècle, dans l'ancienne Hunnie, un noble et puissant état qui a pris une place glorieuse dans la société européenne.

Tel est l'Attila de l'histoire. J'ose me flatter d'avoir épuisé ici, pour en esquisser le portrait, tous les documents réellement historiques qui concernent ce roi Barbare, le plus grand de ceux qui apparurent au déclin de l'empire romain ; mais, par cela même qu'il fut grand et qu'il laissa une trace profonde dans les événements de son siècle, ce Barbare a occupé longtemps après lui l'imagination des peuples. Barbares et Romains se sont complu à le poétiser sous des aspects différents, et le roi des Huns s'est trouvé dans le moyen-âge l'objet d'autant de traditions et de contes qu'Alexandre et César, le héros d'autant de poèmes que Charlemagne. Il est curieux de comparer ces traditions entre elles, soit qu'elles viennent des pays romains, soit qu'elles appartiennent aux nations germaniques, soit qu'elles découlent des souvenirs domestiques de la race magyare ; il est intéressant surtout de les rapprocher des données positives de l'histoire.